나란
놈,
너란
녀석

나란 놈, 너란 녀석

열일곱 살, 친구 관계를 생각하다

김국태
김기용
김진숙
이수석
이승배
이정숙
임병구
지음

팜파스

공존하면서 경쟁해야 하는 친구 관계

임병조(전국교직원노동조합 인천지부장)

학교생활이 날이 갈수록 어려워지고 있어요. 학교가 제 기능을 하지 못하고 어떤 사람에겐 상처와 지옥이 되기도 하는 이유는 무엇일까요? 윗세대 어른들이 십대들을 제대로 돌보지 못할 만큼 너무 바쁘기 때문일까요? 혹은 학력 향상, 일류 대학 진학이 학교 교육의 최종 목표로 변질되었기 때문일까요?

태어나면서부터 배려보다는 경쟁의 환경에 내몰리고 있는 요즘 십대들은 정서적으로 너무 아프고 지쳐 있어요. 학교 교실에서는 소외감, 집단 따돌림, 폭력, 자퇴, 그리고 자살 등의 문제가 많이 발생하고 있지요. 십여 년 전 일본에서나 우려했던 학급 붕괴가 이제는 우리나라에서도 당연한 현상이 되어 버렸어요. 그래서 또래들 사이에서 벌어지는 일들이 성적과 진로 문제만큼이나 성장에 큰 영향을 끼치기도 해요.

　이 책은 십대들에게 스물두 가지 이야기를 들려주고 있어요. 자존감 갖기, 서로 좋은 관계 맺기, 긍정적인 삶의 방향 정하기 등등 너무나 당연하고 중요한 이야기들이에요. 이 모든 이야기는 친구 관계라는 주제를 관통하고 있어요. 그리고 함께 동시대를 살아가고 있는 친구와의 관계를 깊이 고민해 보고 더불어 '나'의 삶의 자세에 대해서도 다양하고 의미 있는 조언들을 건네요.

　가정환경, 시험 성적, 성격, 외모, 선입견 등이 저마다 다른 동갑내기들이 서로 울고 웃으며 한 교실에서 생활해요. 어떤 친구와 어떻게 사귀느냐에 따라 학교생활은 지옥이 되기도 하고 천국이 되기도 해요. 그래서 "타인은 지옥이다"라는 사르트르의 말에 우리는 고개를 끄덕이게 되지요. 소외감, 소심함, 열등감은 누구나 느끼는 당연한 감정이지만 때로는 너무 무거워서 헤쳐 나오기가 어려워요. 하지만 그것이 좋은 자극제가 될 때도 있어요.

　이 책을 통해 우정과 자아를 탐구하고 눈앞의 문제들을 이겨 낼 줄 아는 성숙한 자신을 발견했으면 해요. 글을 쓴 선생님들은 초·중·고등학교에서 십대들과 생활한 것을 토대로 친구처럼, 형처럼, 부모처럼 이야기해요. 그래서 어느 부분을 펼쳐 읽더라도 쉽게 공감이 갈 것이고 위안을 얻을 수 있을 거예요.

추천
의 글
♥

이제 일곱 선생님들의 이야기를 듣다 보면 안타까움과 섭섭함이 기쁨과 고마움으로 변하는 '생각의 전환'이 일어날 거예요. 사춘기의 고민을 안고 살아가는 우리 십대들과 그들의 형과 누나, 삼촌과 부모님들에게 널리 알려지고 읽혀지길 바랍니다.

인생이라는 강을 헤엄쳐 가고 있는
십대 친구들에게

서양에는 크리스토프라는 사나이에 관한 이야기가 전해져 오고 있어요. 크리스토프는 사람들을 강 이쪽에서 저쪽으로 건네주는 일을 하는데, 기운이 워낙 세어서 손쉽게 그 일을 해내지요. 어느 날 밤, 어린아이가 찾아와 강을 건너게 해달라고 부탁해요. 폭우가 쏟아져 강물이 불어나고 있었지만 크리스토프는 익숙한 물길이라 가벼운 마음으로 아이를 어깨에 태우고 강을 건너요. 그런데 아이의 무게가 갈수록 태산만큼 무거워져요. 강물에 빠져 죽을지도 모른다는 공포를 견디며 간신히 아이를 강 저쪽에 내려놓고 보니 그 아이가 예수로 변했어요. 극적인 반전을 통해 단순한 이야기는 복잡해지지요. 여기서 과연 누가 누구에게 의지해 강을 건넌 것일까요?

동양에는 뗏목을 지고 가는 사람에 대한 비유가 있어요. 석가모니가 말씀하셨어요.

"강을 건너기 위해 뗏목은 반드시 필요하지만, 강을 건넌 후에 뗏목을 지고 가는 사람은 어리석다."

강이 인생이라면 뗏목이 의미하는 바는 매우 다양할 거예요. 그리고 동양과 서양의 두 이야기에서 강을 건너는 행위는 사람이 살면서 겪어 내는 어떤 과정에 비유될 수 있어요.

우리 앞에는 늘 건너야 할 강이 있어요. 삶이라는 과정에 놓인 수많은 강을 헤쳐 나갈 때 우리에게 필요한 것은 무엇일까요? 크리스토프는 아이를 위해 강에 들어섰지만 결국 그 아이가 함께해 주었기에 예상치 못한 위험을 극복했어요. 뗏목은 누군가에게 강을 건너는 수단이기도 하지만 제때 결별하지 못하면 어깨를 짓누르는 짐이 되어 버려요. 우리는 살아가면서 각자 누군가를 건네주는 역할을 하기도 하고, 누군가에게 얹혀 가는 짐이 되기도 해요. 하지만 곰곰이 생각해 보면, 누군가를 건네줄 때에도 그를 내 몸처럼 여기며 서로 의지하지 않으면 물에 빠질 수 있어요. 누군가 나의 뗏목이 되어 줄 때에도 그에게 계속 의존한다면 강은 건넜어도 강물을 헤쳐 나가는 것보다 더 힘든 삶을 살게 돼요.

이 책은 인생이라는 강을 건너고 있는 십대 친구들에게 말하고 있어요. 우리는 누구나 크리스토프일 수도 있고, 그 어깨 위에 앉은 어린아이일 수도 있다고. 또 뗏목이기도 하고, 뗏목을 이용해 강을 건너는 사람이기도 하다고. 지금 이 책을 마주한 여러분의 제일 큰 고민은 친구 문제 아닌가요? 여러분의 또래들을 상담한 자료들을 보면 공부나 가정 문제보다 친구에 대한 얘기가 더 많거든요. 그만큼 여러분은 친구들을 통해 미리 사회를 경험하고, 더 넓은 세상을 배워 나가고 있어요.

그 과정에서 여러분이 고민하는 여러 문제들을 어떻게 바라보면 좋을지 함께 생각해 보려 해요. 우리는 친구가 너무 좋아질 때에도 '이러다가 헤어지면 어쩌지?' 하고 근심해요. 친구가 미워지면 그 미움 때문에 무슨 일이 생기지나 않을까 염려하고요. 친구가 없어도 걱정, 친구가 너무 많아도 걱정이지요. 내가 크리스토프인 줄 알았는데 실제로 강을 건너고 보니 그 친구가 있었기에 내가 안전했다는 걸 깨닫게 된다면, 우리는 부쩍 성숙해져 있을 거예요.

나에게 뗏목 같은 친구가 있어서 의지하고 지냈는데, 그 친구가 또 다른 친구에게 뗏목이 되어 주겠다고 하면 보내 줄 수 있어야 해요. 나아가 내가 뗏목이 되어 주고 강을 건네준 다음에도 그 친구와 떨어질 수 있을 때 비로소 우정의 진면목을 볼 수 있고요.

이 책은 고민을 다독거리는 데에서 멈추지 않아요. 오히려 고민을 더 깊어지게 해서 그 고민과 정면 승부하기를 권해요. 아픔을 어루만지기보다 그 아픔의 근원을 들여다보고 나의 아픔과 친구의 아픔이 어떻게 닮았는지 알게 되면 좋겠어요. 내 고민이 친구의 고민이고, 그래서 서로의 고민을 깊이 이해하면 강을 건너 새로운 세계를 경험할 수 있을 거예요.

　요즘 십대들의 고민이 폭우가 되어 쏟아지고 있어요. 강을 건너려면 강물에 발부터 담가야겠지요. 이 책을 함께 쓴 인천교육연구소 선생님들은 여러분의 고민 속에 기꺼이 몸을 담그려 해요. 처음에는 선생님들이 여러분에게 어깨를 빌려 주고 물살을 헤치며 나아가지만, 건너편에 도달해서는 여러분이 선생님들의 구원자가 되어 나타나 주기를 기대해요. 서로가 서로를 의지하면서 얽혀 가는 좋은 친구 관계가 된다면 가능한 일이 될 거예요.

　이 책을 통해 여러 친구를 만나게 해주신 팜파스 김민정 과장님, 다리를 놔 주신 이수석 선생님, 십대들 가까이에서 함께 마음을 앓고 있는 많은 선생님들께 감사드립니다.

2013년
인천교육연구소장 임병구

♥ 차례

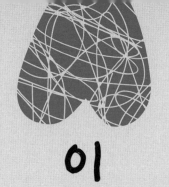

이

소외
당하는
느낌,
겉도는
듯한
이 기분
찝찝해

인간은 사회적 동물이라 사람들과 모여서 생활할 수밖에 없어요. 하지만 모여 살아갈 때에도 순간순간 소외감이 들기도 해요. 많은 사람들이 모여서 이야기를 하지만 다들 무슨 이야기를 하는지도 모르고 그냥 그 자리에 꿔다 놓은 보릿자루처럼 앉아서 고개만 끄덕이고 있는 자신을 발견한 적이 있지 않나요?

언젠가 미니라는 학생이 내게 와서 말하더군요. 자기가 많이 외로워서인지 친구랑 사이가 멀어지는 게 무척 싫다고요. 그래서 친하지 않은 아이들과도 친해지려고 많이 노력하고, 특히 친구들이 고민이나 비밀 같은 걸 말해 주면 잘 들어주고 위로해 준대요. 문제는 자기가 질투심이 강해서 친구들끼리 친하면 화를 내곤 하기 때문에 친구들이 자신을 부담스러워한다는 것이었어요. 그러다 보니 어느새 자신이 그 친구들과 멀어져 있는 걸 깨닫게 되고요.

이런 하소연을 하는 친구도 있어요. 자기들끼리 이것저것 서로에 대해 아는 것이 많고 속마음도 다 털어놓으면서 비밀을 공유하는 친구들이 있었대요. 그 아이들이랑 친해지고 싶어서 먼저 다가가 자기 얘기를 다 털어놓았는데 그 친구들은 잘 안 털어놓아서 서운했대요. 그 친구들이 자기들끼리 속닥거릴 때에는 괜히 소외감을 느낀다고 하더라고요.

자기를 험담하는 것도 아닌데 자기한테만 말해 주지 않으니까 섭섭했나 봐요. 그래서 모처럼 용기를 내서 그 친구들 틈에 끼어 뭐냐고 물어보면 머뭇거리며 서로 눈짓만 하고 절대 말해 주지 않는대요. 다음에 말해 주겠다면서 웃으면서 넘기던 그 친구들은 어느새 불편한 사이가 되었고요. 자신은 비밀이나 속마음을 다 털어놓는 사이가 진짜 친구라고 생각하는데 그 친구들은 자기를 친하게 여기는 것 같지도 않고, 또 이성적으로는 '쟤들이 날 싫어하는 건 아닐 거야'라고 생각하면서도 이상하게 자꾸만 싸우게 된대요.

여러분도 이런 경험이 있나요? 그런데 이때 먼저 확실히 해두어야 할 것은 내가 정말로 친구들 사이에서 제외되고 있는가 하는 문제예요. 왜냐하면 앞서 말한 친구들의 이야기를 듣고 좀 더 생각해 보면, 어떤 경우에는 어쩌면 그건 혼자만의 생각이 아닌가 하는 의구심이 드는 경우가 있거든요.

어떤 친구는 이런 경우 스스로 '왕따'라고 여기게 되면서 한순간에 화가 났다가 한순간에 일이 곧 해결될 것 같은 기분이 되어 갑자기 괜찮아지기도 한다고 해요. 그러다가 자신에게 무슨 문제가 있

소외
당하는
느낌,
겉도는
듯한
이 기분
찝찝해

어서 그런 것이라 결론짓고, 어떤 행동이나 말투, 스타일 등의 외모를 바꾸어 본다고 해요. 그러면 혹시 친구들이 자기를 끼워 줄 거라는 생각이 든다는 거예요. 또 때로는 과장된 행동으로 시선을 끌려고 수업을 빼먹거나 또 다른 친구를 따돌리는 데에 동참하기도 하고, 해서는 안 될 행동까지 하게 되는 경우도 있다고 하네요.

하지만 이러한 행동으로는 잠시 주목을 받고 친구가 생긴 것처럼 기분이 좋아질 수도 있지만 근본적으로 문제를 해결할 수는 없어요. 자기 생각과 다른 행동을 하고 친구들에게 맞추며 어울리다 보면, 점차 다른 사람이 되어 가는 자신의 모습에 안타까움을 느끼게 되고, 자신의 참모습을 알기도 전에 자기 자신을 놓쳐 버리게 되거든요.

어떤 변화를 시도하려면 먼저 나에 대해 진지하고 정직한 평가를 해볼 필요가 있어요. 따돌림을 당하는 기분이 든다면, 미처 생각해 보지 않은 어떤 다른 이유 때문은 아닐까, 가령 친구들 사이에서 늘 불평을 하거나 다른 친구에 대해 지나치게 험담을 한 적은 없는지, 다른 친구들이 불편하게 느낄 정도로 잘난 척을 하거나 뭐든 아는 것처럼 행동하며 친구들을 무시하진 않았는지, 그것도 아니라면 그저 소위 '멋있는 애들' 사이에 끼지 못해서 속상한 것은 아닌지 곰곰이 생각해 볼 필요가 있어요.

십대 때에는 모든 일을 현재 시점에서만 보고 생각하는 경향이 많아요. 참고 기다리는 데에도 서툴지요. 그래서 지금 당장 인정받아야 하고, 지금 당장 멋있어야 하고, 지금 당장 그 그룹에 속해 있어야 한다고 생각해요. 하지만 어떤 특정 그룹 속에 끼지 못해도 같은 관심사를 갖고 어울릴 만한 다른 친구들은 찾아보면 얼마든지 있어요. 그 당시에는 정말 멋있어 보이는 친구가 생각하기에 따라 가끔은 이상한 친구일 수도 있고요. 그러니까 우선은 나를 돌아보고 나에게 맞는 친구를 찾아 다가가려는 노력이 필요해요.

그 노력 중 하나는 친구에게 내 생각을 털어놓는 일이에요. 자신의 속 깊은 마음을 털어놓는 것은 단숨에 되는 일이 아닐 거예요. 정말 비밀을 털어놓을 만큼 가까워지기 위해서는 정성과 시간이 필요하지요. 그렇게 함께 생각을 나누는 동안 공유할 만한 이야깃거리가 늘어나게 될 거고요. 서로에 대해 관심을 가져 주고 아껴 주면서 편견 없이 이해해 줄 거라 기대되는 친구로 떠오를 수도 있어요.

그러려면 친구들이 다가가고 싶어 하는 친구는 어떤 친구인지 살펴보는 것도 도움이 될 거예요. 좋아하는 물건에 대해 말해 보는 것도 공감을 나누기 위한 첫걸음일 수 있어요. 집안 얘기, 어제 본 TV 프로그램 이야기, 아니면 속상했던 일에 대한 하소연 같은 것도 사람을 친해지게 할 수 있어요.

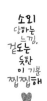
소외당하는 느낌, 겉도는 듯한 이 기분 찝찝해

무엇보다도 중요한 건 자신감을 갖는 일이에요. 스스로를 믿지 못하면 자꾸만 남을 의식하게 되고 따라 하게 돼요. 그러다 보면 어느새 남의 시선에 갇힌 노예가 되어 버리지요.

북유럽에는 '레밍'이라는 들쥐들이 있어요. 이 쥐들은 일 년에 한 차례씩 죽음의 질주를 한다고 해요. 우연히 무리 앞쪽의 쥐들이 뛰기 시작하면 뒤쪽의 쥐들이 무리에서 떨어지지 않으려고 앞쪽 쥐들을 따라 무조건 뛰어요. 만약 절벽에 이르면 앞쪽 쥐들이 떨어지게 되는데, 이를 말릴 새도 없이 뒤쪽 쥐들도 대부분 떨어져 죽게 되지요. 이것을 '레밍의 딜레마'라고 해요.

실제로 레밍이 내 모습일 수도 있어요. 남들도 하니까 그게 뭔지 생각해 보지도 않고 따라 하게 되는 일들이 있지 않나요? 친구들이 특정 브랜드의 옷을 입으면 아무리 비싸도 꼭 사서 입는다든지, 좋지 않은 말이지만 그 말을 따라 한다든지 말이에요.

어려운 일이겠지만 모든 일을 미래와 연관해서 적절한 시각으로 바라볼 필요가 있어요. 그리고 다른 사람들이 나를 어떻게 보는지가 중요하긴 하지만 정말 내적으로 자신감이 충만한 사람이라면 남의 시선은 그다지 중요하지 않을 거예요. 어떤 그룹에 끼려고 그렇게 애를 쓰지도 않을 거고요.

우리가 알고 있는 위인들은 대부분 어린 시절에 소외된 '찌질이'

였대요. 발명왕으로 알려진 에디슨은 초등학교를 3개월도 채 다니지 못한 채 혼자였어요. 성공한 많은 사람들 중에도 친구들에게 선망의 대상이 되거나 소위 "내가 제일 잘나가" 하면서 동료들로부터 부러움을 산 경험이 거의 없어요. 그러니까 어느 그룹에 끼지 못한다고 해서 과장된 변화를 추구한다거나 우울해할 필요는 없어요. 오히려 스스로를 한번 돌아보는 기회를 갖고 계속 자신에게 충실하려고 노력하는 게 무엇보다 중요해요.

친구들로부터 소외감을 느껴 고민하기보다는 내가 가진 것을 줄 수 있다는 자신감을 갖고 새롭게 출발해 보면 어떨까요? 뭘 줄 게 없다고요? 정말이지 많은 것을 갖고 있을 걸요? 이야기 하나 해볼게요. 어느 날 한 사람이 석가모니를 찾아와서 하소연을 했대요.

"하는 일마다 제대로 되는 일이 하나도 없습니다."

석가모니는 이렇게 말씀하셨어요.

"남에게 베풀지 않았기 때문이다."

그 사람이 속상해하며 다시 이렇게 말을 했어요.

"저는 아무것도 가진 게 없는 빈털터리입니다."

그러자 석가모니는 다음과 같은 멋진 말씀을 남깁니다.

"재산이 없더라도 남에게 줄 수 있는 일곱 가지는 누구에게나 있

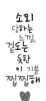
소외
당하는
느낌,
겉도는
듯한
이 기분
찜찜해

는 법이다. 첫째는 화안시(和顏施), 즉 얼굴에 화색을 띠고 부드럽고 정다운 얼굴로 남을 대하는 것이요, 둘째는 언시(言施), 즉 말로 얼마든지 베풀 수 있으니 사랑의 말, 칭찬의 말, 위로의 말, 격려의 말, 양보의 말, 부드러운 말 등을 전하는 것이다. 셋째는 심시(心施)로, 마음의 문을 열고 따뜻한 마음을 주는 것이고, 넷째는 안시(眼施)로, 호의를 담은 눈으로 사람을 보는 것처럼 눈으로 베푸는 것이다. 다섯째는 신시(身施), 곧 몸으로 행하는 것으로 남의 짐을 들어준다거나 일을 돕는 것이요, 여섯째는 좌시(座施)로, 때와 장소에 맞게 자리를 내주어 양보하는 것이다. 마지막으로 일곱째는 찰시(察施)로, 굳이 묻지 않고 상대방의 마음을 헤아려 알아서 도와주는 것이다. 네가 이 일곱 가지를 행하여 습관이 붙으면 너에게 행운이 따를 것이니라."

어때요? 이런 베풂을 행할 수 있다면 어느새 소외감은커녕 인기 스타 부럽지 않은 사람이 되어 있을지도 몰라요.

세상에 혼자 있는 것 같은 마음이 들 때에는
자신을 우주의 중심에 놓고 생각해 보세요.
혹시 훗날 백조가 되기 위해
잠시 오리들 틈에 있는 건 아닌가 하는 상상도 해보고요.
어때요?
나를 위해 세상이 돌아가고 나를 위해 모든 것이
마련되어 있는 것 같은 기분이 들지 않나요?

소외
당하는
느낌,
겉도는
듯한
이 기분
찝찝해

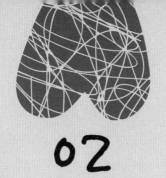

02

난
나름
배려라고
생각
했는데……

『장자』「지락(至樂)」편에 나오는 글입니다.

"옛날 바닷새가 노나라 수도 밖에 날아와 앉았다. 노나라 임금은 이 새를 친히 종묘 안으로 데리고 와 술을 권하고, 아름다운 궁궐의 음악을 연주해 주고, 소와 돼지, 양을 잡아 대접했다. 그러나 새는 어리둥절해하고 슬퍼하기만 할 뿐, 고기 한 점 먹지 않고 술도 한 잔 마시지 않은 채 사흘 만에 결국 죽어 버리고 말았다. 이는 자기와 같은 사람을 기르는 방법으로 새를 기른 것이지, 새를 기르는 방법으로 새를 기른 것이 아니다."

『장자』는 철학적 비유의 보물창고라고나 할까요? 중국의 고대 사상가 장자와 그의 제자들이 썼다고 해요. 젊은 철학자 강신주 선생님이『장자, 차이를 횡단하는 즐거운 모험』에서 이 구절을 소개했어요.

바닷새가 있어야 할 곳은 당연히 바닷가겠지요. 새가 먹을 수 있는 건 물고기 따위였을 거고요. 새에게는 인간이 누릴 수 있는 최고의 사치가 아무런 소용이 없어요. 임금은 자신의 기준에 맞춰 새를 옮기고 음식을 대접했어요. 임금으로선 할 도리를 다했다고 하겠지만, 그게 바닷새를 스트레스와 허기로 죽음에 이르게 한 '배려 아닌 배려'가 되어 버린 거예요. 바닷새의 의사를 존중하지 않아 생긴 불행이지요. 이 이야기, 단지 우화에 불과한 걸까요?

'지나친 공손은 오히려 예의에 벗어난다'는 뜻의 '과공비례(過恭非禮)'는 『맹자』의 「이루장(離婁章)」에 나오는 말에서 비롯됐어요. "대인(大人)은 비례지례(非禮之禮, 예의에 맞는 것 같으면서도 실제로는 맞지 않는다)를 하지 않는다"라는 말을 후대의 학자가 풀이하면서 쓴 말이라고 해요. 맹자는 '예의가 아닌 예의'가 없어야 훌륭한 사람이라고 했고, 그걸 해석한 게 '지나친 예의는 예의가 아니다'라는 말이에요.

요즘 이런 투로 말하는 학생들이 늘고 있어요.

"선생님, 전화가 오셨어요."

선생님을 존경한다는 마음으로 쓴 말이지만 뜻대로만 본다면 전화를 존경하는 말이 되어 버려요. 음식점에 가면 직원이 또 이렇게 말해요.

"손님, 음식 나오셨어요."

예의를 갖춘다고 쓴 말이 음식을 존대하는 말이 된 거지요. 좋은 뜻으로 상대방을 배려하는 말을 썼지만 듣는 편에서 볼 때에는 실

소가 나와요. 상대방을 지나치게 배려하려다 물건을 존경하는 상황이 됐으니까요.

백화점에 가 보면 더 심각해요. 주차를 안내하는 직원들이 인형처럼 90도로 인사를 해요. 안내원들은 똑같은 화장을 하고 웃음을 짓는데 그게 모두 똑같아요. "안녕하십니까? 손님, 무엇을 도와드릴까요?"라고 말할 때엔 억양도 똑같아요. 몸짓도 말투도 표정까지 맞춰 하루 종일 손님에게 미소를 짓다 보면 사람처럼 느껴지지 않고 불편하기만 해요. 이런 일을 '감정노동'이라고 불러요. 손님의 비위를 맞추려다 보니 노동하는 사람의 감정이 많이 소모된다는 뜻이에요. 국가인권위원회에서 감정노동을 대하는 고객들에게 물었는데, 60퍼센트가량의 소비자들이 "매장 직원의 지나친 인사가 불편하다"라고 답변했다고 해요. 손님에 대한 지나친 배려가 오히려 마음을 편치 않게 하나 봐요.

소설가 전상국의 단편 '우상의 눈물'을 읽어 본 적 있나요? 이 소설은 우리가 흔히 '배려'라고 여기는 일이 진정한 마음 없이 겉으로만 이뤄질 때 어떤 결과를 빚어내는지 잘 보여주고 있어요. 소설의 도입부는 살벌해요. 기표는 요즘 일진 같은 폭력 조직을 이끄는 짱이에요. 같은 반 친구가 메스껍게 논다는 이유로 허벅지를 찌르고 담뱃불로 상처를 내기도 하지요. 19금 조폭 영화의 폭력 장면만큼이나 섬뜩하네요. 하지만 가공할 폭력으로 친구들 위에 군림하던 기표는 결말 부분에서 스스로 무너져 버려요.

자신을 겉으로만 따뜻하게 대하는 반 학생들과 담임선생님의 배려 때문에 기표는 결국 "무섭다. 나는 무서워서 살 수가 없다"라는 말을 남기고 사라져요. 친구들의 '배려 아닌 배려'가 기표를 공포 속으로 밀어 넣은 거예요. 성적이 나쁜 기표를 위해 커닝 페이퍼를 건네주자는 반 아이들의 모의가 '우상'으로 군림하던 기표를 창피한 꼴찌로 만들어 버려요. 게다가 기표에게 폭행을 당한 반장이 보복은커녕 기표의 어려운 집안 사정을 알리면서 모금 운동을 벌여요. 그게 언론에 알려지면서 영화를 찍자는 제안이 들어오고 날짜도 잡히게 돼요. 기표는 이제 남의 도움을 받아야만 살 수 있는 불쌍한 아이로 전락한 거예요.

기표가 무서워한 것은 배려 자체가 아니라 남의 도움을 받아야만 살 수 있는 자신의 모습이었을 거예요. 남을 괴롭혀 온 악마 같은 폭력성일지라도 스스로 벗어 버리는 게 아니라 벗김을 당한다고 느낀다면 그 심정이 어떨까요? 기표를 진정으로 도울 수 있는 다른 방법은 없었을까요?

『완득이』라는 책 얘기도 해볼게요. 이 소설은 영화로도 인기가 높았어요. 처음에 완득이는 '똥주' 선생님을 오해해요. 그래서 교회에 가서 기도하지요.

"제발 똥주 좀 죽여 주세요. 안 죽여 주시면 저 부처님께 갑니다."

완득이는 자신의 가난한 처지를 대놓고 친구들에게 까발리는 '똥주' 선생님에게 거칠게 따져요.

"제가 재밌으시죠? 어떻게 저렇게 완벽하게 불쌍한 새끼가 있을까 그리고 재밌어서 절 놀리시는 거죠?"

그런 완득이에게 '똥주' 선생님은 면박을 줘요.

"가난한 게 쪽팔려? 나중에 크면 지금 그런 생각을 했다는 게 더 쪽팔릴 거다."

'똥주' 선생님은 툭하면 쌈박질이나 해대는 불량한 완득이보다 더 거친 인물이에요. 도저히 선생님 같지 않은 행동으로 완득이를 제압하거든요. 완득이로서는 그런 선생님을 받아들일 수 없고요.

하지만 완득이는 차츰 '똥주' 선생님의 진심을 알게 돼요. '똥주' 선생님은 가난한 완득이를 불쌍한 시선으로 바라보면서 시혜를 베풀어 주지 않아요. 선생님이 아닌 친구가 돼서 완득이 스스로 자신의 처지를 직시하게 해요. 배려라고는 눈곱만큼도 없이 냉정하고 심술궂게 보이는 선생님이지만 완득이는 알아요. 불쌍하게 바라보는 시선보다는 당당하게 자신을 드러내도록 존중해 주는 게 진정한 배려라는 사실을. '똥주' 선생님은 선생님이라는 점잖은 자리를 버리고 완득이의 바로 옆으로 가까이 다가서요. 말도 행동도 완득이처럼 변해 버리지요.

친구에게 베푼 친절이 시큰둥한 반응으로 돌아오는 경우가 있어요. 집 앞에서 기다려 줬는데, 생일 선물을 건넸는데, 숙제를 빌려 줬는데 친구가 고마워하지 않아요. 섭섭하지만 꾹 참고 더 잘해 줘야지 생각해요. 그러다가 계속 무심한 친구의 태도에 지쳐 한꺼번에 폭발해요.

"야, 너무한 거 아니야? 네가 그렇게 잘났어?"

그동안 들인 공이 와르르 무너져 버려요. 왜 이런 일이 생길까요? 친구의 집 앞에서 기다리던 날, 공교롭게도 그 친구가 집에서 야단을 맞고 나왔어요. 생일 선물을 주었는데 다른 친구가 준 선물과 똑같아요. 빌려 준 숙제가 부실했는데 친구는 차마 말하지 못했어요.

나는 좋은 뜻으로 배려했는데 받는 친구의 처지와 맞지 않았던 거예요. 배려가 많을수록 좋은 사이가 되는 건 맞아요. 하지만 선생님이 무료 급식 카드를 친구들 앞에서 준다고 생각해 봐요. 받는 친구가 부끄럽다고 여기면 고마운 감정은 싹 달아나 버리겠지요. 배려는 누구의 입장에서 하느냐가 중요해요. 주는 쪽과 받는 쪽이

고루 만족스럽다면 더할 나위 없이 좋을 거예요. 그러려면 친구의 입장에서 어떻게 받아들일지를 먼저 생각해 봐야 해요. 어차피 배려한다는 건 상대방을 위한 일이니까요. 정성이 지극하면 하늘도 움직인다는데 마음을 기울이면 친구의 속마음도 읽을 수 있을 거예요.

개와 고양이는 늘 싸울 수밖에 없대요.

서로 신호가 다르니까요.

개는 반가우면 꼬리를 세우는데

고양이는 그걸 상대방에 대한 긴장의 표시로 받아들여요.

친구 관계에서 갈등은 대부분

상대방의 신호를 잘못 받아들일 때 생겨요.

친구와 약속 하나 해봐요.

서로의 신호를 잘 해석할 수 없을 때

솔직하게 털어놓기.

그러면 서로 공연히 마음 태우는 일을 줄일 수 있을 거예요.

난
나름
배려라고
생각
했는데……

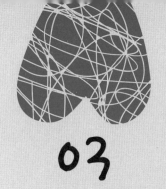

03

가끔
다른
내가
나타나
당황
스럽다

나도 이해할 수 없는 나의 모순된 행동 때문에 당혹스러웠던 적이 있을 거예요. 스스로 내향적이면서도 외향적이고, 너그러우면서도 비열하고, 야심차면서도 게으르다고 생각된다면 나의 진짜 얼굴은 무엇일까요?

시인과 촌장이 부른 '가시나무'라는 노래의 가사 중에 이런 구절이 있어요.

"내 속엔 내가 너무도 많아 당신의 쉴 곳 없네."

너무 올드해서 모르겠다고요? 젊은 가수들도 많이 부른 노래라 아마 들어본 사람도 꽤 있을 거예요. 이 노래 가사처럼 내 속에는 내가 참 많이 존재해요.

상희는 오늘도 아주 많은 또 다른 나와 만나요. 학교에서는 친절한 모범생이고 다른 사람들 말도 잘 들어주는데 집에선 무뚝뚝하기만 한 자신을 발견해요. 가족이 다 모인 일요일 아침, 엄마가 이렇게 말을 걸어왔어요.

"공부하느라 피곤했지? 이것 좀 먹을래? 모처럼 부침개를 했더니 맛있네."

하지만 상희는 아주 성난 표정으로 짜증을 냈어요.

"살찐다고 이런 거 안 먹는다고 했지? 모처럼 일요일인데 쉬고 싶어. 싫다는데도?"

동생이 뭘 물어보는 말에도 아주 못된 말만 골라 했지요.

"이것도 몰라? 멍청하긴."

조금 있다가 이웃집에서 엄마 친구들이 왔어요. 상희는 상냥하게 과일도 내오고 동생 또래가 이것저것 물어보면 친절하게 대답을 해주고 있는 자신을 발견했어요. 곰곰이 생각해 보니 친구들에게도 선생님에게도 참 다르게 말하고 행동하는 자신이 보였어요. 어제 마리라는 친구에게는 뚱뚱하고 공부도 못한다고 괜히 무시하며 쌀쌀맞게 말했어요. 그런데 뚱뚱하긴 마찬가지인 민지에게는 책도 빌려 주고 아프다고 하니까 가방도 들어 주었어요. 마리가 전에 아프다고 했을 때에는 모른 척했는데 말이지요. 민지와는 친하게 지내니까 그렇긴 한데 마리도 같은 반 친구거든요.

익숙한 내 모습이 나인 것 같지만 내가 모르는 나도 있어 낯설기도 하고, 나는 알지만 남이 모르는 내가 있기도 하고, 나도 남도 모르는 내가 갑자기 튀어나오기도 해요. 나만 그런 건 아니에요. 더구나 나라는 사람은 학생이기도 하고, 딸과 아들이기도 하고, 선배

가끔 다른 내가 나타나 당황스럽다

이기도 하고, 후배이기도 하고, 고모나 이모가 되기도 하는 등 여러 역할 속에서 존재하기 때문에 모범생이면서 짓궂은 장난꾸러기인 내 모습은 아주 당연한 것이기도 하지요. 그런데도 이런 자신의 모습이 낯설어 '혹시 내가 다중인격자는 아닐까?' 하고 병리적 현상으로 자신을 몰아갈 수도 있어요. 하지만 여러 가지 낯선 모습을 가진 자신을 문제가 있다고 생각하는 것은 지나쳐요. 내 안에 너무도 많은 내가 있는 건 그만큼 내 성격이 풍성하다는 의미일 수 있으니까요.

나도 어느 순간 각각 다른 인격들이 등장해서 놀랄 때가 많아요. 하지만 걱정하지 않아요. 또 다른 나의 등장에 대해 사회적 상황에 따라 어느 정도 통제하고 있거든요. 그래도 기본적으로 완전히 하나의 통일된 인격체를 지향하고 있지는 않아요. 어떤 통일된 내 모습을 갖기 위해 굳이 기를 쓰고 노력하지도 않고요. 오히려 어떤 때에는 나의 이런 여러 가지 모습을 내버려 두면서 즐기기도 해요.

자유롭게 놀 땐 아주 유치하고 촌스럽게 행동할 때도 있고, 더나아가 개떡 같은 한심한 사람이 되기도 해요. 후배에게 선배로서 모범을 보여야 하거나 사회적 위치에 있을 때에는 성실하고 믿을 만한 인간인 척 말과 행동을 하곤 하지요. 이런 점이 문제라고 심각하게 생각해 본 적은 없어요. 그래서 누군가의 특정한 행동에 대해 '쟤가 저런 애가 아니었는데 의외네?'라는 식의 생각을 별로 하지 않는 편이에요. 그런 생각이 오히려 편견이라고 생각하기도 하고요. 사람은 누구나 의외의 행동과 생각지도 못한 말을 하기도 하니까요.

　심리학자들이 정상적인 사람을 일주일 남짓 감옥 체험을 하게 하는 실험을 한 적이 있어요. 한 집단은 죄수가 되고, 또 다른 한 집단은 죄수를 지키는 간수 역할을 했어요. 그런데 문제가 발생했어요. 간수 역할을 하는 사람들이 자신의 권력을 이용하면서 점점 더 포악해지더니 죄수 역할을 하는 사람들을 괴롭히고 짓밟는 사람으로 자신도 모르게 변하게 된 거예요.
　굳이 이런 실험을 하지 않더라도 사람은 상황에 따라 아주 다른 행동을 하고, 그런 자신을 몰랐기 때문에 낯설어하기도 해요. 문제는 나의 낯선 모습들이나 마음에 들지 않는 모습들이 보일 때 내가 어떻게 그런 내 모습을 감당할 것인가 하는 거예요. 무조건 억누르고 배척한다고 해서 달라지지 않을 테니까요. 물론 병리적으로 문제가 될 정도라면 성격 자체보다는 억압적인 환경 요인에 그 원인이 있을 확률이 더 높다고 해요. 하지만 다중적 극단 현상을 보여 사회문제를 일으킬 정도가 아니라면 상황에 따라 달라 보이는 내

가끔
다른
내가
나타나
당황
스럽다

모습 역시 정상적인 내 모습이라고 인정할 수 있어야 해요.

　명랑하다가 시무룩해질 때가 있고, 왠지 즐거운 기분에 사람들에게 정의롭고 친절하게 대하다가도 짜증내고 화내는 날이 있어요. 이와 같이 다양한 모습의 나를 당연하다고 생각하고 인정하도록 나를 좀 더 적극적으로 바라볼 필요가 있어요. 그러다 보면 내면에 존재하는 나의 인격들과 잘 소통하고 격려하여 '한 팀'을 이루어 삶에서 내 모습을 유리하게 만들 수 있게 될 거예요. 그건 하루아침에 되는 것이 아니라 끊임없이 자신을 돌아보고 받아들이는 연습을 하면서 이루어져요.

　사진을 한번 볼까요? 어떤 모습들이 보이나요? 무수한 박쥐들이 날아다니는 것 같다고요? 날개를 활짝 편 하얀 천사가 보이는 사람도 있을 거예요. 맞아요. 이 사진은 보는 사람의 생각이나 의도에 따라 달리 보일 수 있음을 말해 주고 있어요. 사진은 검은 부분을 중심으로 보면 박쥐나 마귀의 형상들이 날아다는 모습으로 보일 수 있고, 흰 부분을 중심으로 보면 날개를 펼친 천사들이 가득 차 있는 것으로 보여요. 무엇을 중심으로 보느냐에 따라 다른 모습이 우리에게 다가오지요.

이처럼 어떤 생각을 하느냐가 실체를 지배하고 있어요. 중요한 건 나를 어떻게 생각하고 내 자신 속에 있는 어떤 모습을 끌어내 의미 있는 자질로 발전시켜 갈 수 있을 것인가, 그리고 생각지도 못한 나와 어떻게 협력할 것인가 하는 거예요. 소위 성공한 사람들이나 사회에서 '잘나가는' 사람들은 대부분 자신과 이런 협력 관계를 잘 맺은 사람이기도 해요. 물론 이해관계에 따라 이 사람에게 이 말 하고 저 사람에게 저 말 하는 얄팍한 사람이 되어선 안 돼요. 그들은 상대방에 맞게 다양한 모습을 보이는 게 아니라 순전히 자신의 이해득실을 따져 저울질하며 모습을 바꾸는 경향이 있어요. 그래서 우리가 자연스럽게 상대방에 따라, 상황에 따라, 혹은 관계에 따라 다른 모습을 보이는 것과는 다르다는 점을 잘 알아야 해요. 이정숙생

가끔
다른
내가
나타나
당황
스럽다

평소에 다양한 나와 친해 두는 게 좋아요.

내 안에 있는 내가 이상하게 변하지 않도록,

내가 생각하는 방향으로 내 모습들을 잘 이끌고 갈 수 있도록.

그러려면 늘 직간접적으로 많은 경험과 생각을 쌓아야 해요.

친구들을 바라볼 때에도 마찬가지예요.

친구들이 보이는 의외의 모습에 당황하지만 말고

먼저 그 모습을 인정해 보려고 노력하는 건 어떨까요?

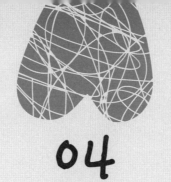

04

때론
'혼자'라는
느낌을
즐겨
봐!

나의 어린 시절 이야기를 좀 해볼게요.

초등학교 1학년 때 늑막염에 걸려 죽을 뻔한 적이 있었어요. 몇 개월간의 입원 치료 후 퇴원한 이후에도 "결핵성 늑막염이어서 재발이 우려되므로 어떤 경우에도 뛰거나 옆구리에 충격을 줘서는 안 된다"는 의사의 주의가 있었지요. 그 결과 나의 어린 시절은 맘껏 뛰어놀지 못하고 그저 놀고 있는 아이들을 구경하며 멀찌감치 서 있어야만 하는 시간들이 되어 버렸어요.

그런데 그런 내 모습이 동네 아이들에게는 지능이 떨어지는 바보로 보였나 봐요. 어느 순간부터인가 동네 아이들 여러 명이 몰려와 '멀뚱하니' 서 있는 나에게 테러(?)를 자행하고 도망가곤 했어요. 병 때문에 뼈만 앙상하게 남은 나에게 아이들이 "와아~" 소리를 지르며 떼로 몰려와서 돌을 던지거나 마구 때리고 도망갔어요. 그런데도 나는 뛰면 안 되었기에 도망가지도 못했어요.

지금도 기억나는 한 장면이 있어요. 그날도 아이들이 열댓 명 정도 몰려와 때리고 도망갔는데 그중에는 아기를 등에 업은 또래 아이도 있었고, 네다섯 살밖에 되어 보이지 않는 어린아이도 있었어요. 맞으면서 두렵기도 했지만 한편으로는 너무 어이가 없었어요. 왜 저런 꼬맹이들까지 그런 행동을 하는지 이해할 수가 없었지요. 그후 나는 동네 아이들을 슬슬 피해 다녔고, 오빠와 동생은 그런 나를 보호하면서 함께 놀아 줘야 하는 임무를 맡게 되었어요.

하지만 대부분의 시간을 혼자 놀면서 보내야 했어요. 혼자 지내는 시간이 많다 보니 심심해서 책을 많이 읽게 되었고, 생각도 상상도 많이 하면서 지내게 되었어요. 그렇게 세월이 흘러 육체적인 건강은 좋지 못했지만 정신력에 있어서는 강한 아이로 자라났어요. 어린 시절에 당해야 했던 테러(?)나 혼자 보내야만 했던 시간들이 나를 강하게 키워 준 것 같아요.

그러던 중 나를 가장 지독하게 괴롭혔던 아이를 고등학교 3학년 때 우연히 만나게 되었어요. 그런데 그 아이는 너무나 변해 있었어요. 물론 나 또한 많이 변해 있었고요. 내 주변엔 많은 친구들이 함께하고 있었고, 그 아이는 너무나 얌전하고 소심한 성격에 혼자 점심을 먹을 정도로 외톨이가 되어 있었어요.

내 이야기를 이렇게 자세히 하는 이유는 여러분과 두 가지 이야기를 해보고 싶어서예요. 우선 나를 괴롭히던 아이들에 대해서요. 시간이 흐르면서 아이들의 괴롭힘은 점점 사라졌는데, 내가 좀 더 자란 후에 우연히 나를 괴롭히던 아이들을 개인적으로 만나는 일이

때론 '혼자'라는 느낌을 즐겨 봐!

생겼을 때에는 그 아이들이 참으로 유순했을 뿐 아니라 오히려 나를 보고 놀라거나 외면하곤 했어요. 저런 아이들이 어떻게 내게 그런 몹쓸 짓을 했을까 곰곰이 생각해 보았는데, 아무래도 그게 '군중 심리'가 아니었을까 하는 생각이 들었어요. 혼자서는 하지 못할 대담한 행동이나 나쁜 짓도 군중심리로 뭉치면 쉽게 해냈던 게 아닌가 싶어요. 어린아이들이다 보니 자신의 내면에서 나오는 판단을 하기 전에 다른 아이들이 하니 자기도 따라 한다는 심리였겠지요.

다음으로, 혼자 지내야 했던 내 어린 시절에 대해서 얘기해 보고 싶어요. 지금 돌이켜보면 그렇게 혼자 지낸 시간들은 성장의 밑거름이 되어 주었어요. 나는 친구들과 어울려 노는 대신, 많은 지식을 쌓거나 무한한 상상력을 기르거나 깊이 생각하는 시간들을 갖게 되었어요. 그 결과 여자 친구들과 아기자기 어울리면서 노는 데에는 여전히 좀 미숙하긴 해요. 하지만 나만의 독특한 개성을 갖게 된 것 같아요. 생각이나 행동 면에서 다른 아이들과 달랐던 나는 중학교 때부터 늘 다른 아이들의 주목을 받곤 했지요. 나의 독특함 때문에 좋아해 주고 따라 주는 친구들도 많아졌어요. 혼자만의 세계에서 책을 통해 배우고 생각하며 지내다 보니 정신적인 면에서 친구들보다 조숙하기도 했고요. 그러고 보면 늘 혼자 왕따처럼 지내야 했던 내 어린 시절이 반드시 나빴던 건 아니었어요.

혼자 지내는 건 참 외롭기는 해요. 외로움은 참으로 고약한 감정이지요. 나도 자라면서 외롭다는 생각을 많이 했어요. 하지만 꼭 혼자 있어서 외로운 걸까요? 친구들이나 가족들과 함께 있으면서도 외롭다고 느낀 적은 없나요? 혼자여서 외로울 때보다 오히려 누군가와 함께 있으면서도 외롭다는 감정을 느낄 때가 더 힘들지 않았나요?

외로움을 느끼는 이유는 많아요. 혼자라서, 아무도 곁에 없어서 외롭기도 하고, 아무도 관심을 가져 주지 않아서 외롭기도 하고, 때로는 많은 사람들 속에서 알 수 없는 소외감이 들어서 외롭기도 해요. 그래서 사람들은 외로움이라는 이 힘든 감정에서 벗어나기 위해 여러 가지 방법을 찾아요. 자신을 만족시켜 줄 다른 사람을 찾는다든지, 물질에 대한 욕망을 충족한다든지, 어떤 단체에 소속된다든지, 순간적인 쾌락을 통해 괴로움을 잊는다든지……. 자신의 불완전함과 결핍감을 채워 줄 수 있는 대상을 끊임없이 찾아 헤매면서 무엇엔가 빠져들게 되지요.

심리학자 로버트 파이어스톤은 '환상적인 유착'에 대해 이야기했어요. 인간이 자신의 감정적인 필요가 충족되지 못할 때면 다른 사람이나 어떤 경험, 소속 혹은 특정한 물건 등과 자기 자신 사이에 유착 관계가 존재할 것이라고 스스로를 위로하고 방어하기 위한 환상을 갖게 된다는 거예요. 또한 가족치료사로 알려진 존 브래드쇼는 '환상적인 유착'의 대표적 증상을 '상호의존성'이라고 부르며, 일종의 중독 상태로 '자신의 실체를 잃어버린 상태'라고 했어요. 상호의존적이 되면 자신의 내면을 상실하고 삶을 외부적인 것에 의존하게 된다는 것이지요.

외로움으로 생겨나는 대표적인 중독에 '관계중독증'이라는 게 있어요. 사람들은 혼자라는 사실을 두려워하기 때문에 친구도 사귀고 결혼도 하면서 끊임없이 관계를 만들어 나가려 해요. 사람들에게 외면당하지 않을까, 무시당하진 않을까, 혼자 남겨지진 않을까 하는 두려움에 빠져 타인과의 관계에 점점 더 빠져들어요.

관계중독증은 사람들과의 관계를 통해 내면의 공백을 메우거나 두려움을 극복하려 하며 존재의 가치를 찾고자 해요. 이 증상의 기본적인 특징으로는 '나 자신'은 없이 타인과의 관계가 생활의 전부를 이루고, 끊임없이 다른 사람과 소통을 원한다는 점이에요. 휴대폰 메시지로 24시간 유지될 수 있는 친구 관계를 형성함으로써 소외되고 있지 않다는 만족감을 얻으려 하고, 여러 사람과 관계를 맺기 쉬운 미니홈피, 페이스북, 트위터 등 다양한 네트워크를 통해 자신의 존재를 알리며 새로운 관계를 맺고 자존감을 형성하려고 하지요. 어떤 문제가 있을 때에는 스스로 답을 찾으려 하지도 않고, 자신의 생각에 확신을 가지지도 못한 채 계속해서 남의 생각에 의존하는 경향도 있어요.

지금처럼 통신이 발달하기 전에는 믿을 수 있는 가까운 친구와의 대화 외에는 자신의 문제는 대부분 자신이 해결해야 했어요. 그러다 보니 혼자 생각을 많이 하고 책도 찾아서 읽고 부모님이나 선생님, 주변 사람들과 깊이 있는 대화도 나눌 수 있었지요. 그런 과정을 통해 자신의 정체성을 찾고 자신감도 얻고 정신적으로 성장할 수 있었어요.

프랑스 실존주의 철학자로 유명한 사르트르는 말했어요.

"칼은 만들 때부터 용도가 정해지지만, 사람은 스스로 만들어 가는 것이다."

또 이런 말도 했지요.

"인생은 B(birth)와 D(death) 사이의 C(choice)다."

덴마크 철학자 키에르케고르는 이렇게 말하기도 했어요.

"인간은 자기 자신을 갈고닦아서 예리한 조각품으로 만들어야 하는 존재이지, 모서리를 깎아서 자신을 잃어버리는 존재가 되어선 안 된다."

사람에게는 자신만이 갖고 있는 고유성과 개성이 있어요. 그런데도 자신의 삶에 대해 스스로 선택하고 책임지기를 두려워하기에 진실로 참된 나를 찾지 못하고 자신이 누구인지 모른 채 살아가는 거예요. 자기 삶을 위한 선택은 자기 스스로 해야 해요. 만일 그렇지 못하다면 어린 시절 내게 테러를 가했던 어린 테러단(?)처럼 스스로 판단하지 못하고 다른 사람에게 이끌려 나쁜 짓도 서슴없이 하게 되는 어리석은 삶을 살 수 있어요.

세상을 살아가면서 나에게 어떤 일이 닥칠지는 아무도 알 수가 없어요. 어려운 상황에서 혼자가 되는 극한 상황이 닥친다고 해도 극복해 낼 수 있는 강한 정신력을 지니기 위해 우리에게는 혼자 있는 시간이 필요하고, 또 혼자일 필요가 있어요. 혼자인 시간은 외롭지만 나의 발전에 정말로 중요한 영향을 끼쳐요. 그 시간은 삶을 정리해 보고 스스로를 책임지는 시간이며, 반성의 시간이고 새로운 삶을 꾸미는 시간이기도 하니까요.

사람들이 정말로 두려워하는 것은 혼자 있는 것이 아니라 '외톨이가 되는 것'이거나 '외톨이로 여겨지는 것'일지도 모르겠어요. 하지만 혼자여도 당당한 사람은 절대로 외톨이나 왕따가 되어 소외당하지 않아요. 오히려 그 당당하고 자신감 넘치는 모습에 다른 사람들이 더욱 가까이 다가오게 되지요.

"자신이 참된 자신이지 못한 상태,

그것이야말로 절망이다.

절망에 대한 가장 확실한 해독제는 믿음이다."

키에르케고르의 말이에요.

여기서 '믿음'은 자신에 대한 믿음을 말하는 거겠지요?

자신을 믿고,

혼자 있는 시간을 두려워하기보다는

'진정한 나'를 찾기 위한 시간으로 채워 보세요.

때론
'혼자'라는
느낌을
즐겨 봐!

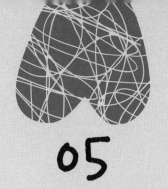

05

비밀,
어디까지
공유할 수
있을까?

야간 자율학습에 숙제까지 하느라 늦잠을 잔 수진이는 아침부터 게으르다는 엄마의 잔소리로 기분이 별로예요. 수면 부족인지 요즘은 머리도 하루 종일 무겁고……. 게다가 학교에 도착하자마자 짝꿍 동재가 수진이의 기분도 모르고 놀리기 시작해요.

"너 창선이랑 친하다며? 좋아한다고 소문이 쫙~ 났던데?"

동재의 커다란 목소리에 깜짝 놀란 수진이.

'이 떠버리 똥재(수진이는 동재를 똥재라고 불러요)가 어떻게 알았을까? 이거 귀찮게 됐는걸.'

좋아하는 이성 친구가 있다는 사실이 부끄럽기도 하고, 그 사실을 말 많은 짝이 알게 된 것에 약이 오른 수진이가 버럭 소리를 질렀어요.

"아니, 누가 그래?"

그런데 눈치 없는 떠버리 똥재는 신이 나서 아예 소리를 질러 대네요. 이 주책바가지!

"애들이 그러던데, 수진이랑 창선이랑 그렇고 그런 사이라고. 잘

되길 바란다이~ 히히히."

문득 수진이는 며칠 전 일이 떠올랐어요.

그날은 가현이와 함께 집에 가던 길이었어요. 요즘 부쩍 이성에 관심이 많아진 가현이는 명수가 키가 커 훤칠해 좋다고 하더니 오늘은 운동 잘하는 한성이가 더 좋다고 해요. 혼자만 말하는 것 같아 멋쩍어진 가현이가 수진이에게 물었어요.

"수진아, 지난번 야자 쉬는 시간에 보니까 너 창선이랑 친해 보이더라?"

"응, 창선이는 친절하게 말을 건네서 좋더라. 근데 아직 비밀이니까 다른 애들한테 말하진 말아 줘."

"그래. 수진이 너, 창선이를 정말 좋아하는구나?"

이제야 사건의 전말을 짐작한 수진이는 창피하고 분한 마음이 들어 폭발 직전입니다. 최악의 아침, OTL 모드 돌입!

사람은 누구나 드러내고 싶은 것과 숨기고 싶은 것이 있어요. 자신의 장점이나 자랑거리는 자연스럽게 드러나 주었으면 하는 은근한 마음이 아무리 겸손한 사람일지도 마음 한 구석에 조금씩은 있을 거예요. 반대로 제발 드러나지 않았으면 하고 강렬히 원하게 되는 것도 있어요. 이렇게 다른 사람에게 영원히 또는 한시적으로 알리고 싶지 않은 것을 '비밀'이라고 하지요. 사람이라면 누구나 살아 가면서 몇 가지 비밀은 생기기 마련일 거예요.

수진이는 창선이와의 관계를 자연스럽게 드러내 놓을 수 있을 때까지 숨기고 싶었어요. 하지만 가현이의 입방아로 그 비밀(?)이 알려지자 단단히 화가 났어요. 여러분이 수진이라면 어떻게 하겠어요? "내가 미쳤지. 어쩌자고 저 수다쟁이를 믿고 내 마음속 이야기를……" 하고 자책하며 머리를 치나요? 아니면 "네가 어떻게 그럴 수 있어? 친구라면 의리가 있어야지"라며 대판 한번? 우리 옛속담에 "남의 말 하기는 식은 죽 먹기"라는 말이 있어요. 정말 말처럼 하기 쉽고 가벼운 것도 없어요.

칭찬보다는 남의 흉보기가 쉬워요. "쟤는 어떠어떠한 성격이 있어", "지난번에 쟨 ~했대"라는 식으로 참으로 흉보기는 쉬워요. 하지만 친구의 특징을 잡아내 칭찬하는 일은 어려워요. 실제로 이런 방식으로 칭찬한다면 어떨까요?

"창선이는 말하기보다는 듣기를 참 잘해. 그래서 많은 친구들이 걔랑 얘기하는 걸 좋아해."

"수진이는 맺고 끊는 게 확실해. 더 좋은 점은 상대방을 배려해서 자신의 행동을 결정한다는 거야."

하지만 칭찬과 격려보다는 불평과 비난에 익숙해져 있는 게 우리의 모습이에요. 그래서 나쁜 소문일수록 세상에 빨리 퍼진다는 '악사천리(惡事千里)'라는 말도 있어요. 이렇게 말의 가벼움을 경계하라고 우리 조상들은 "잘못 쓴 글은 지우면 그만이지만 말이란 한 번 내뱉으면 주워 담을 수 없으니 함부로 말하지 말라"라는 말도 남겼어요. "낮말은 새가 듣고, 밤말은 쥐가 듣는다"라는 말도 유명하고요.

중국의 역사서 『십팔사략』 「양진전」에는 후한 때 관리였던 양진의 이야기가 나와요. 학문을 좋아하는 양진이 한 고을의 수령이 되었어요. 어느 날 한 사람이 밤늦게 많은 금품을 가지고 와서 부탁을 했어요. 청탁인 줄 알고 양진이 그 뇌물을 받지 않으려고 하자 그 사람이 말했어요.

"지금은 밤이 깊으니 아무도 아는 사람이 없을 겁니다."

이에 양진은 이렇게 거절했어요.

"하늘이 알고 땅이 알고 그대가 알고 내가 알고 있는데 어찌 아무도 알지 못한다 하오?"

이게 그 유명한 양진의 사지(四知), 즉 천지(天知), 지지(地知), 여지(汝知), 아지(我知)예요.

우리가 무심코 내뱉는 말 한마디는 상대방에게 마음의 상처를 입히기도 해요. 또한 세상을 시끄럽게 하기도 하고, 상대방을 곤경에 빠뜨리기도 하고, 스스로를 올가미처럼 묶기도 하지요. 말의 힘은 인간관계에서 특히 막강한 힘을 발휘해요. 서먹서먹했던 사이가 허물없는 친구가 되기도 하고, 소중한 절친이 웬수가 되기도 하고요. 이럴 때 우리는 '친구'와 '비밀'과 '말'이라는 관계의 수렁에 빠지곤 해요.

수진이는 정말 창선이를 좋아하고, 동재와 가현이는 수진이의 절절한 마음을 잘 알아주지 못했어요. 맘고생이 많았던 수진이는 가현이에게 자신의 속내를 털어놓았고, 남의 말을 쉽게 하는 가현이는 수진이의 비밀을 누군가에게 생각 없이 흘려 버렸지요. 정말 말에 발이 달린 것인지 이 세상에는 비밀이 없는 것 같아요.

동재와 가현이의 수다로 상처받은 수진이는 '친구와 비밀을 어디까지 공유할 수 있을까?' 하고 생각해 보았어요. 그리고 자신은 동재와 가현이의 비밀을 얼마나 잘 지킬 수 있을지도 자문해 보게 되었어요.

이 질문에 대해 다른 친구들은 어떻게 생각할지 궁금해서 문자 메시지로 답을 구해 봤어요. 몇몇 친구들이 다음과 같은 답을 보내 왔네요.

인섭 🖂 친구와는 마음 가는 만큼만 공유한다.

진철 🖂 친구에 따라 비밀 등급이 다르다. 흉보는 비밀 말고는 나누는 게 좋다.

정원 🖂 둘도 없는 친구라면 비밀이 없을 듯!

미진 🖂 누구한테도 말하지 않겠다고 맹세한 것 빼고 전부 다!

계향 🖂 법이 허용하는 범위에서 공유! 범죄는 비밀로 해주면 안 되니깐.

은주 🖂 자기가 감당할 수 있는 범위까지.

재희 🖂 남의 비밀은 친구와 공유하지만 나의 비밀은 절대 공유하지 않음. 비
        밀은 비밀이니까!

   7명의 응답자 중 정원이를 제외한 6명은 모두 친구와의 비밀 공
유에 대해 다소 제한적이군요. 여러분이라면 어떤 답신 문자를 보
낼 것 같나요?

친구들의 비밀을 먼저

마음속으로 느껴야 해요.

내겐 아무 일도 아닌 일이

친구에겐 정말 중요한 일일 수 있어요.

비밀을 공감하게 되면

아마 그 비밀을 함께 지켜 주고 싶어질 거예요.

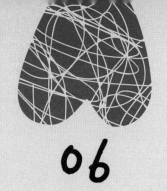

06

화,
내도
문제,
참아도
문제라면

'우리나라 고등학교 학생들의 화병'에 관한 연구가 있었어요. 강원도 양구군과 인제군, 경기도 수원시 등 4개 지역의 일반계 고등학교 2~3학년 학생 259명에게 설문조사를 벌인 결과를 토대로 만든 자료예요. 응답자의 8.1퍼센트가 화병을 갖고 있는 것으로 조사됐는데, 일반 성인의 화병 비율 4퍼센트에 비해 두 배나 높은 결과였어요.

　　화병(火病)은 우리나라에만 있는 독특한 병이에요. 위키백과에 따르면, 이 병명은 중국 명나라 의사 장개빈이 처음 사용했고, 조선 시대에 우리나라에 들어온 말이래요. 1996년에 미국 정신과협회가 문화 관련 증후군의 하나로 등록했어요. 이제는 세계인들이 다 'Hwa-Byung'이라고 불러요. 말은 중국에서 나왔는데 우리 민족 특유의 정신 질환으로 알려졌네요. 화가 나는데도 계속 참을 때 나타나는 증상이에요.

　　화가 나는데도 참는 건 관계를 의식하기 때문일 거예요.

　　"내가 화를 내면 친구가 어떤 반응을 보일까?"

　　"내가 화를 내면 엄마가 속상해하시겠지?"

"내가 화를 내면 담임선생님이 더 화를 낼지도 몰라!"

그러다 보면 의식하지 못하는 사이에 화가 몸속 어디엔가 쌓여 '울화'가 생겨요. 가슴이 답답해지고 입맛도 없어지고 공부할 의욕이 줄어들기도 해요. 더 심해지면 우울증에 시달려 잠도 잘 못 자게 되고 느닷없이 무언가 부수고 싶은 충동이 생기기도 하지요. 화는 친구들과 어울리다 보면 사라지기도 해요. 하지만 억누르고 싶어도 잘 안 될 때가 훨씬 많아요. 그럴 때 화를 어떻게 표현해야 할까요?

소설가 김형경은 『천개의 공감』이란 책에서 어린 시절에 분노를 어떻게 표현했는지 고백해요.

"돌이켜보면 그 시절, 거의 폭발 직전의 화약고 같았을 내면을 그나마 조절하고 해소할 수 있는 유일한 통로가 일기였던 것 같다. (중략) 내 일기장에는 부모와 선생님에 대한 욕이 70~80퍼센트 정도를 차지하고 있었다. 그 욕은 지금도 입에 올릴 수조차 없을 정도로 험악한 내용들이었고, 도저히 아이가 사용할 만한 언어가 아니었고, 대체 어디서 그런 욕을 배웠을까 의심스러운 것들이었다."

GOD의 노래 '어머님께'는 뮤직비디오로도 인기가 높았어요. 뮤직비디오 장면과 가사를 떠올리다 보니 한 학생(장혁 분)이 친구에게 주먹을 날리던 장면이 생각나네요. 중학교 1학년 때, 도시락을 먹는데 부잣집 녀석이 반찬이 그게 뭐냐며 창피를 줘서 결국 그 녀석 얼굴에 주먹을 휘둘렀다는 내용이 나와요. 그리고 어머니가 학교로 불려와 용서를 빌었다는 내용이 덧붙여져요.

일기 쓰기는 부모님과 선생님에게, 주먹 쓰기는 친구와 어머니에게 상처를 안겨 주었겠지요. 하지만 내면에 들끓고 있던 분노를 일단 터뜨려서 더 큰 문제를 만들지 않았다고도 볼 수 있어요.

미국의 정신과 의사 모건 스캇 펙이 말했어요.

"분노를 조절하는 것을 배우기는 매우 어렵다. 그래서 대개 어른이 된 뒤에나 가능하거나 때로는 죽을 때까지 배우지 못하는 사람도 있다."

어른들도 분노를 조절해서 표출하기가 쉽지 않아요. 사회적으로 보면 어른들이 더 큰 사고를 쳐요. 외국에서 벌어지는 총기 사건, 최근 우리나라에서 연이어 일어난 '묻지 마 절망 범죄'는 감정 조절을 하지 못하는 문제에 애와 어른이 따로 없다는 사실을 보여줘요. 만일 분노를 잘 조절하는 십대라면 다행스럽긴 해도 '애늙은이'라는 말을 듣게 될 거예요. 청소년기에 표출하지 못한 분노가 성인이 돼서 나타날 수도 있고요.

프로이트는 인간의 무의식 영역에서 감정의 싹을 찾아냈어요.

우리가 이성적으로 행동하는 의식의 바닥에 거대한 무의식이 자리하고 있다고 본 거지요. 평상시에는 억압을 받아 눌려 있다가 우리가 의식하지 못하는 사이에 불현듯 감정이나 행동으로 나타난다는 거예요. 인간의 성격은 어린 시절부터 일정한 단계를 거쳐 발달하는데 제대로 발달하지 못하면 고착이 일어나 이후의 성격 형성에 영향을 끼친다고 해요.

예를 들어, 십대 때에는 부모에게 대들 때가 많아요. 이것을 프로이트는 아기가 엄마와의 관계를 넘어설 즈음의 '오이디푸스 관계'로 설명해요. 아이는 엄마와 사랑을 나누며 살아왔는데 엄마가 아빠를 사랑하는 것을 알면서 경쟁을 의식하게 된대요. 남자아이는 무의식적으로 아빠가 자신의 남성성을 거세하지 않을까 하고 두려워한다는 거예요. 딸아이는 아빠의 사랑을 차지하기 위해 엄마와 경쟁하는 사이가 되고요. 아빠에게 대들 때, 엄마의 잔소리에 빽 하고 소리 지를 때 '내 안에 아이 같은 무의식이 있다'고 생각해 보세요. 그걸 들여다볼 수 있다면 아이 때의 감정보다는 성숙한 자신을 발견할 수 있을 거예요.

뇌과학도 십대의 특성을 들여다보는 데 도움이 돼요. 열두 살쯤 되면 뇌의 크기는 거의 다 자란대요. 하지만 뇌 속에서 일어나는 변화는 그 이후부터라고 해요. 또 감정을 다루는 부분이 이성을 다루는 부분보다 먼저 발달해요. 십대 때 감정에 예민한 반응을 보이는 건 뇌 때문이라는 얘기지요. 감각의 정보를 다루는 능력은 성인의 뇌와 별 차이가 없는데 종합적인 판단 능력은 성인이 되어서도 50세 전후에야 완성된대요. 의학계에 따르면 청소년기는 감정을 조절하는 전전두엽이 형성되는 시기라고 해요. 감정이 솟구칠 때 뇌 속에서 일어나는 일을 상상해 보세요. 전전두엽이 부족한 능력으로 주인이 보내는 감정 신호를 다스리느라 끙끙대고 있을 거예요. 함부로 화를 내서 전전두엽을 고생시키면 안 되겠다는 측은지심이 발동하지 않나요?

"홧김에 서방질"이라는 옛 속담이 있어요. 썩 좋은 표현은 아니에요. 홧김에 벌이는 남자들의 행동은 감추고 있으니까요. 하지만 '에이, 성질 뻗치는데 콱 사고나 쳐 볼까?'라는 심리를 잘 드러내 주는 말이에요. 방문을 걷어차거나 교실 문을 치고 뛰쳐나갈 때 감정은 이미 엉뚱한 방향으로 튀어 나가기 마련이에요. 그렇게 욱하고 감정을 분출하면 그 감정을 다시 거둬들여 다스리기가 쉽지 않아요. '눈에 뵈는 게 없는' 상태로 치달으면서 아주 불행한 일이 발생할 수도 있고요.

화가 난 후의 감정 상태는 분노한 소가 우리를 뛰쳐나간 상황이라고 할 수 있어요. 그러니 마인드 컨트롤은 평상시 소를 다스려서 위급한 상황이 되었을 때 고삐를 쥘 수 있는 방법을 훈련하는 것이라고 할 수 있어요. 천방지축 망아지라면 안장을 채워 놓는 과정이에요. 그러려면 평상시 내 감정을 들여다보는 훈련을 해야 해요. 분노 자체는 인간의 자연스러운 감정이에요. 마치 땀과 눈물을 배출해야 건강하게 살아 있는 몸이듯, 분노도 밖으로 드러내야 마음이 건강해져요.

문제는 분노를 드러내는 방법이에요. 아무 때나, 누구에게나 분노를 표출한다면 그건 분노를 다스리지 못하는 '분노 조절 장애'라고 진단할 수 있어요. 일종의 병이지요. 마인드 컨트롤은 평상시 운동을 통해 질병을 예방하듯, 감정 표현 방법을 훈련해서 분노 조절 장애 같은 병을 막아 보자는 거예요. 늘 내 마음을 들여다보면서 그 마음이 어떤 상태인지를 안다면 욱하는 감정에 휩쓸리는 일은 없을 거예요.

마음을 잘 다스릴 수 있다면 이런 시도 이해할 수 있을 거예요. 변영로 시인이 쓴 '논개'라는 시예요.

거룩한 분노는
종교보다도 깊고

불붙는 정열은

사랑보다도 강하다.

아! 강낭콩 꽃보다도 더 푸른

그 물결 위에

양귀비꽃보다도 더 붉은

그 마음 흘러라.

교과서에 실린 작품이니 낯설지는 않을 거예요. 임진왜란 때 논개가 일본 장수를 끌어안고 강물에 몸을 던질 때의 감정은 '거룩한 분노'였어요. 자신의 감정을 넘어서 더 큰 뜻을 품을 때엔 분노조차 거룩해요.

학교 폭력에 시달리는 친구가 있어요. 못 본 척하지 않으려면 마음을 강하게 다져야 해요. 문제를 잘 해결하기 위해서는 논개처럼 분노를 품되 감정에 휘말리면 안 되겠지요. 잘못된 일에 대해서는 화를 내는 게 정상이고, 화를 낼 때에는 분명한 이유가 있어야 해요. 화가 치민다고 행동까지 끌려다니면 제대로 된 분노라고 할 수 없어요. '거룩한 분노'야말로 감정이 만들어 낼 수 있는 최고의 경지예요.

친구에게 화를 내는 이유는 대부분 친하기 때문이라고 해요. 사랑하는 감정보다 강한 분노가 생긴다면 그건 아마 더 큰 사랑을 찾으려는 갈망이 있기 때문일지도 몰라요. 화가 나서 감정이 나를 노예처럼 부릴 때 생각해 보세요. 그게 분노인지, 사랑에 대한 목마름인지.

틱낫한 스님이 화를 다스리는 법을 가르쳐 주셨어요.

그중 한 가지만 알려 줄게요.

"화를 끌어안으라.

화는 마치 우는 아기 같다.

무엇인가 불편하고 고통스러워서 울고,

엄마의 품에 안기고 싶어 한다.

화를 품에 끌어안은 채 의식적으로 숨을 들이쉬고 내쉬기만 해도

(화라는) 아기는 이내 편안함을 느낀다."

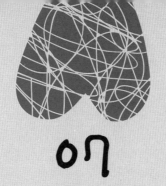

07

욕으로
어디까지
소통
할 수
있을까?

'카톡 왕따 여고생 자살'이라는 신문기사를 봤어요. 고등학교 1학년 여학생이 스마트폰 메신저인 카톡의 대화방에서 친구들에게 집단 괴롭힘을 당한 후로 아파트 11층에서 스스로 몸을 던졌대요. 대화방에서 "맞아야 정신 차릴 ×" 등의 욕설을 들었고, "(널 죽이기 위해) 스패너 가지러 가야겠다"라는 글까지 올라왔답니다. 물론 휴대전화 문자 메시지로도 욕설과 성적 수치심을 불러일으키는 내용이 전달되기도 했어요. 처음에는 피해 학생도 욕설로 대응했지만 곧 말을 멈췄다고 하네요. 그리고……

좋은 말은 잊어버리기 쉽지만 나쁜 말은 오래 기억돼요. 독일 작가 하인리히 하이네는 이런 말을 남기기도 했어요.

"말, 그것으로 말미암아 죽은 자를 무덤에서 불러낼 수도 있고, 산 자를 묻을 수도 있다."

사실 우리 청소년들에게 언어폭력은 욕설로 항상 대변이 돼요. 하교 시간, 교문을 나서는 학생들이 몰리면서 주변은 금방 떠들썩해져요. 삼삼오오 무리를 지어 여학생들이 쉴 새 없이 재잘거려요.

그런데 소란스러워 들을 수밖에 없는 그 대화 도중에 항상 들려오는 말들이 있어요. 십대 학생들이 나누는 대화라고 해봐야 학교와 학원, 어제 본 TV 프로그램과 연예인에 대한 얘기가 전부인데, 그 모든 얘기를 잇는 말이자 중간중간 들어가는 추임새가 한결같이 "×라"예요. 몇몇 학생만 쓰는 게 아니고 거의 모든 학생들이 아무런 거리낌없이 앞 다투어 말하고 있는 것을 보고 있자면, 옆에서 듣는 내 귀에는 "졸× 졸× 졸× 졸×……" 마치 시냇물 소리처럼 들려요. 그 말은 좋을 때에도, 싫을 때에도, 뭔가가 맛있거나 멋있어도, 그리고 슬프거나 아플 때에도 튀어나와요.

청소년의 73.4퍼센트가 매일 욕설을 하고, 그중 58.2퍼센트가 초등학교 고학년 때 처음 욕설을 시작했다는 보고서가 있어요. 그리고 입을 모아 천박하고 폭력적인 언어 환경으로부터 청소년을 보호하기 위해 언어순화 교육을 강화해야 한다고 성토하곤 해요. 이미 어른이 된 사람들 중에는 자라면서 단 한 번도 욕을 하지 않고 자란 사람도 있겠지만, 어린 시절의 나 역시 아무렇지 않게 욕을 하는 요즘 학생들과 처지가 비슷했어요. 그때와 지금은 '대세'로 쓰이는 욕이 다를 뿐이에요.

하지만 분명 다른 점이 있어요. 우리 때엔 욕을 가끔 썼지만 지금의 십대들은 일상적으로 자주 쓰고 있다는 거예요. 왜 이렇게 욕설을 유행처럼 내뱉고 있는지 그 이유를 물어보면 십대들은 고민도 하지 않고 '습관'이라고 말해요. 하지만 소설가 김별아의 말처럼 어떤 아이도 "지지귀가 젖어서 ×라 불편해"라든가 "이 이유식은 ×라 맛있어!"라고 말하며 크지 않아요.

말은 사회적 표시예요. 그렇기 때문에 특정한 말의 범람에는 사회적 원인이 있어요. 분명 청소년 시절의 내가 욕설을 내뱉으며 살았던 이유는 세어 보이고 싶어서였어요. 거친 상소리를 하면 친구들보다 세다는 착각에 빠졌지요. 지금 십대의 욕설 문화 역시 또래 집단 내에서 우위를 확보하려는 경쟁적인 과시의 측면이 커 보여요. 그런데 실은 강해 보이고 싶다는 것 자체가 턱없이 약하다는 반증이기도 해요. 청소년기를 관통하는 심리는 한마디로 '불안'이니까요.

욕의 뜻을 알고 말하는 사람은 별로 없을 거예요. 그럼에도 더 많은 욕으로나마 자신을 방어하려는 것은 그만큼 세상이 불안을 부추기고 있기 때문이에요. 욕이 점점 더 많아진다는 것은 예전의 십대들보다 지금의 십대들의 처지가 더 처절하다는 뜻일지도 몰라요. 철저하게 서열화된 학교와 무자비한 학원 사이를 뺑뺑 돌며 시달리는 와중에 욕이라도 없다면 무엇으로 불안을 견딜까요. 김별아 작가는 파김치가 되어 학원 버스에서 내리며 나지막이 내뱉는

그 '×라' 소리가 마치 숨통을 틔우려는 마지막 절규처럼 들린다고
도 했어요.

　욕을 하면서도 끝없이 소통하려는 십대에게 소통에서 가장 중요
한 것은 아마도 공감인 것 같아요. 욕도 어쩌면 서로의 처지를 지나
치게 공감하려는 의도에서 사용하는 것이라고 할 수 있어요. 서로
가 같은 의식을 갖는 공동체의 일원임을 보여주려는 마음이 '×라'
로 표현되는 것 아닐까요? 서양의 대화 기술에서는 명확하게 자신
의 의사를 표현하는 것이 소통의 제1원칙이라고 하지만, 우리 십대
들에게는 '마음을 알아주려는' 따뜻한 공감이 더 우선시되어야 할
거예요.
　친구 간의 소통에서 공감의 중요성을 두 측면에서 생각해 볼 수
있어요. 우선 서로 원하는 최적의 소통 상황을 떠올려 보는 거예
요. 서로의 마음이 맞아서 끊임없이 이야기를 나눌 수 있는 것인가
요? 아니면 긴 대화를 통해 서로가 알게 되어 가슴이 뻥 뚫리는 것
인가요? 여러분은 어느 쪽을 더 원하는지 곰곰이 생각해 보세요.
오히려 대부분의 사람들이 바라는 최적의 소통 상황은 수다스러운
대화보다는 아무 말 하지 않고 서로 바라보기만 해도 뜻이 통하는
상태라고 해요. 내가 바라는 게 뭔지 구차하게 길게 말로 설명하지

않아도 상대방이 그걸 알아차려서 내가 바라는 것을 해주는 것 말이에요. 역시 공감이 최상의 소통이라고 할 수 있겠네요.

다음으로, 공감을 받는 사람에게 미치는 효과를 생각해 볼까요? 미국의 유명한 심리학자 칼 로저스는 이렇게 묘사했어요.

"어떤 사람이 당신을 비판하려 하지 않고, 당신에 대해 책임감을 느끼지 않고, 당신에게 영향을 미치려 하지도 않으면서 당신의 말을 진지하게 귀 기울여 들어줄 때에는 정말 기분이 좋다. 누군가 내 이야기에 귀를 기울이고 나를 이해해 주면 나는 새로운 눈으로 세상을 다시 보게 되어 앞으로 나아갈 수 있다. 누군가 진정으로 내 말을 들어주면 암담해 보이던 일도 해결 방법을 찾을 수 있다는 사실이 참 놀랍다."

누군가 나를 이렇게 이해해 준다면 생각만으로도 기분이 좋을 거예요.

사실 상대방의 마음을 읽고 공감할 수 있는 능력은 인간에게만 주어진 독특한 것이라고 해요. 이 능력은 포유류 중에서 인간의 아기만이 똑바로 누워 자란다는 특성과도 연관이 있어요. 아기는 똑바로 누워 있기에 늘 엄마와 눈을 맞출 수 있고, 그 상태로 젖을 먹고 옹알이를 해요. 다시 말해서 생후 초기부터 엄마와 감정 교류를 하게 되고, 이러한 교감이 아기의 뇌와 정서 발달에 많은 영향을 미치게 되지요. 친구와도 아기 때 엄마와 나눈 이 감정을 경험할 방법은 없을까요?

언어학자들은 "우리가 아무리 귀 기울여 들으려고 애쓴다 하더라도 타인의 말을 70퍼센트 이상 이해할 수 없다"라고 말해요. 인간의 소통에는 근본적으로 한계가 있다는 뜻이에요. 그런데도 우리는 각자 자신의 말하기에 빠져서 상대방의 말은 건성으로 듣는 경우가 많아요. 진정한 소통의 첫 단추는 귀를 기울이는 데에서 시작돼요. 정성을 다해 상대방의 말을 들어줄 때 상대방은 나를 신뢰해 주고 마음을 열어요. 이런 말도 있잖아요.

"입을 열기보다 들어주는 자가 사람을 얻는다."

이제 여러분의 소통 제1원칙은 욕이 아니라 바로 적극적으로 상대방의 말을 듣고 그 마음을 알아주는 따뜻한 공감이에요.

공감이란 다른 친구들의 경험을 존중하고 마음으로 이해하는 것을 말해요. 장자도 "진정한 공감이란 혼신을 다해 상대방의 말을 들어주는 것"이라고 했어요. 우리는 먼저 공감하는 대신 조언을 하거나 자신의 견해나 느낌을 설명하려는 성향이 강해요. 하지만 공감이란 나의 모든 관심을 상대방이 말하는 것 그 자체에 두는 거예요. 그리고 상대방이 자신의 생각을 충분히 표현하고 이해받았다고 느낄 만한 시간과 공간을 주는 것이지요. 무언가를 하려고만 하지 말고 그냥 그곳에 있어 주는 건 어떨까요? 공감의 열쇠는 바로 우리의 존재예요. 곧 그 사람 자신과 온전히 함께 있어 주는 것 말이에요.

"적어도 한 사람이 자기 자신을 이해하고 받아 준다는
느낌 없이는 그 누구도 이 세상에서 제대로 성장 발달하거나
충만한 삶을 살 수가 없다."
스위스의 정신과 의사 폴 투르니에의 말이에요.
비록 친구들과의 소통이 서툴지라도
상대방을 있는 그대로 봐 주고 존중하려는
마음과 노력이 바탕이 되어야 할 거예요.

욕으로
어디까지
소통
할 수
있을까?

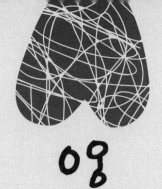

08

약속과
신뢰,
꼭 붙어
있는
두 개의 문

옛날 중국 초나라 때 계포라는 사람이 있었는데, 한 번 약속을 하면 끝까지 지킨 인물로 유명해요. '계포일낙(季布一諾)'이라는 고사성어까지 생겨났을 정도였어요. 계포는 항우의 사람으로 유방과 싸우다가 나중엔 져서 유방에게 쫓기는 몸이 되었어요. 그런데 한 번도 약속을 어기지 않은 그를 신뢰하던 주위 사람들은 아무도 유방에게 일러바치지 않고 숨겨 주었어요. 오히려 천하를 통일해 권력을 잡게 된 유방에게 계포를 천거해 유방 밑에서 벼슬을 하게 했지요.

약속을 잘 지키지 않는 친구 때문에 화가 나고 당황한 적 많이 있을 거예요. 약속 시간을 정해 놓고도 다른 친구와 한 약속 때문에 미리 얘기도 해주지 않은 채 약속을 깨는 친구도 있어요. 그러면 뭐라고 얘기해야 할지 난감해요. 나와의 약속을 깬 친구에게 느낀 서운함을 전하고 싶은데, 그러면 친구가 나를 떠날까 봐 두렵기도 해요. 말을 하지 않고 넘어가려니 서운함은 사라지지 않고 마음이 너무 괴로워요.

"넌 왜 항상 약속을 하고 지키지 않는 거야? 내가 너한테 그렇게 중요하지 않은 사람이야?"

이런 식으로 비난을 하면 친구도 상처를 받고 나를 피하게 되겠지요.

친구를 비난하기에 앞서 약속이 깨졌을 때 내가 얼마나 서운했는지를 이야기해야 해요. 그래야 그 친구도 다음번에 약속을 어겨야 할 경우가 생기면 미리 알려 주고 양해를 구해야겠다는 생각이 들 테니까요. 상대방을 조금만 배려해서 약속에 대한 태도를 고치면 다른 사람들에게도 신의 있는 사람으로 인정받게 될 거예요.

내가 약속을 못 지키는 경우도 생겨요. 불가피하게 더 중요한 약속이 생겨서 먼저 한 약속을 어겨야 할 때에는 앞서 말한 것처럼 상대방에게 미리 연락을 해서 양해를 구해야겠지요. 갑자기 집안에 일이 생겨서 동생을 돌봐야 한다거나 학교에서 받은 과제를 해야 하는 경우처럼 어쩔 수 없이 약속을 어기게 되는 일은 항상 생기는 법이니까요. 이때 어떻게 해야 할지 고민만 하다가 약속 시간이 지나 버리면 서로 기분이 상하게 되니까 가급적 빨리 상대방에게 알려 줘야 해요.

내가 약속을 못 지키는 다른 경우도 있어요. 선약이 있는데 친구와 무리하게 약속을 하는 경우예요. 가령 사촌이 결혼을 해서 1시에 예식이 시작되는데 2시에 약속을 잡아 놓고 발만 동동 굴러요. 종종 원래부터 지킬 수 없는 약속인데도 그 약속을 거절하면 친구가 자기를 떠날지도 모른다는 불안감 때문에 무작정 약속부터 하는 사람이 있어요. 그런 사람은 원래 잘 거절하지 못하는 성격일 수 있어요. 하지만 현실적으로 지킬 수 없는 약속을 할 때마다 오히려 친구들로부터 신뢰를 잃게 될 거예요. 선약이 있으니 그 약속 못 하겠다고 시원시원하게 이야기하는 편이 더 쿨해요.

영국 속담에 "즉시 거절하는 것은 약속을 하고 지키지 않는 것보다 낫다"라는 말이 있어요. 지키지 못할 약속은 아예 잡지 않는 것이 관계를 유지하기 위한 더 좋은 방법이에요. 당장은 친구가 서운해할 수도 있지만 나중에 너무 늦게 약속을 거절하는 것보다는 더 완벽하고 성숙한 관계를 만들어 나가는 데 도움이 될 거예요. 내가 친구를 이해하려고 노력하듯이 그 친구도 불가피한 나의 상황을 이해할 거고요.

종종 자기보다 힘이 센 누군가의 강요에 의해서 억지로 약속을 하는 사람도 있어요. 자신이 아끼는 모자가 있는데 어떤 친구가 자기 모자와 바꾸자고 하면서 다음날 그 모자를 가져오라고 한다면 어떻게 해야 할까요? 그 친구의 힘에 눌려서 약속을 했다면, 그 약속은 두 사람 간의 자발성에서 나온 약속이라고 할 수 없겠지요. 당당하게 바꿀 수 없는 이유를 말해야 해요. 예를 들어 아버지가 생일 선물로 사 준 모자이기 때문에 그 모자가 없으면 혼이 난다고 말할 수도 있어요.

만약 위협에 못 이겨 모자를 바꿔 주면 그 친구는 앞으로도 계속해서 무리한 요구를 해 오면서 다른 약속들을 또 지키라고 강요할 거예요. 우리나라 민법 110조에도 "사기나 강박에 의한 의사 표시는 취소할 수 있다"라고 나와 있고 형법상으로도 '협박죄'가 있기 때문에 그런 약속은 그 자체가 무효예요. 당당하게 거절하면서 만약 계속 협박하면 선생님이나 부모님 또는 경찰의 도움을 받겠다고 이야기하는 편이 나아요.

처음부터 상대방을 속여서 약속을 하는 경우도 있어요. 법률적으로는 이러한 경우에 '기망(欺罔)'이라는 표현을 써요. 기망은 허위의 사실을 말하거나 진실을 은폐함으로써 상대방을 착오에 빠지게 하는 행위를 말해요. 얼마 전 한 커뮤니티 게시판에 올라온 글 중에 약속을 지키고도 전교생의 원성을 산 학생회장 이야기가 생각나네요.

한 학교에서 학생회장 선거가 벌어졌어요. 그런데 한 후보가 자신을 뽑아 주면 전교생에게 햄버거를 쏘겠다고 약속을 했어요. 누가 회장이 되든 햄버거나 먹자는 마음으로 학생들은 그 후보를 찍었고, 결국 학생회장이 된 그 후보는 전교생 앞에서 한 '햄버거 약속'을 지켰어요. 나중에 학생회장에게 받은 햄버거라며 한 학생이 햄버거 사진을 공개했어요. 그런데 공개된 사진 속 햄버거는 손가락 크기만 한 젤리 햄버거였어요. 햄버거는 맞지만 다들 예상했던 진짜 햄버거와는 완전히 달랐던 거지요.

이 이야기를 들은 사람들은 공약을 안 지킨 학생회장도 문제지만 누가 되든 햄버거나 먹자는 마음으로 투표한 학생들도 문제라고 했어요. 또 선거의 가장 안 좋은 예, 정치인들을 보고 배웠다며 씁쓸한 우스갯소리를 하기도 했고요.

이 학생회장이 내건 공약은 민주주의 원칙에도 위배되고, 절차적으로도 선거법에 위배된답니다. 하지만 고의적으로 전교생을 기망한 건 아닐 거예요. 가령 학생회장은 처음부터 전교생에게 젤리 햄버거를 돌리려고 생각했을 수도 있어요. 그러면 젤리 햄버거는 그저 축하 이벤트가 될 수도 있고, 선거에 써야 하는 비용을 초과하지 않아서 법적으로 하자가 없을 수도 있어요. 그래도 학생회장과 전교생 간에는 '정보의 불평등'이 존재하기 때문에 불공정한 약속이라 할 수 있어요. 만약 투표를 한 학생들 대다수가 젤리 햄버거라는 게 있다는 것을 미리 알고 있었고, 자기들이 나중에 젤리 햄버거를 받을 수도 있다는 점을 예상했다면 과연 선거 결과가 똑같았을까요?

『정의란 무엇인가』를 쓴 마이클 샌델은 그의 두 아들 사이에 벌어진 야구카드 교환 사건을 예로 들면서 자발적인 교환일지라도 얼마든지 불공정할 수 있다고 이야기해요. 두 아들이 야구카드를 교환하면서 놀았어요. 형은 동생보다 야구선수들과 카드의 가치에 대해 더 많이 알고 있었어요. 그래서 더러 동생에게 불공정한 거래를 제안했어요. 예를 들어 만능 내야수 카드 두 장을 주고 켄 그리피 주니어(미국 메이저리그를 대표하는 강타자) 카드를 가져오는 식으로요. 결국 샌델은 두 아들에게 거래를 하기 전에 반드시 자신의 승인을 받으라며 둘 사이의 카드 교환에 개입했다고 해요.

"사람은 자기가 한 약속을 지킬 만큼 좋은 기억력을 가져야 한다."
독일의 철학자 니체의 말이에요. 지금 나와 얽혀 있는 약속들을 곰곰이 돌아보세요. 부모님과 한 약속이나 친구, 형제자매와 한 약속, 학교나 기타 소속된 모임들로부터 들은 약속들이 생각나지 않나요? 온라인 쇼핑몰에서 구매품을 하루 만에 배송해 주겠다고 하는 것도 물론 약속이에요. 무엇보다 내가 지나가는 말로 무심코 한 약속을 친구가 기다리고 있진 않은지도 돌이켜보세요. 친구들 사

약속과
신뢰,
꼭 붙어
있는
두 개의
문

이에서 "쟤는 약속 같은 거 잘 안 지키는 애더라"라는 섭섭한 말을 듣지 않으려면, 그리고 예상치 못한 상황에서 나의 '이미지'에 타격을 받고 싶지 않다면 순간순간 '약속'과 '신뢰'라는 가볍고도 무거운 가치를 늘 함께 기억하고 살아야 해요.

"많은 약속은 신용을 잃는다."
고대 로마의 시인 호라티우스가 말했어요.
약속을 지키는 일도 중요하지만,
약속이 입버릇이 되어
쉽게 여기저기 약속 도장을 찍고 다니는 사람은 되지 않아야 해요.
약속이 너무 많아지면 지키고 싶은 마음이 굴뚝같아도
어차피 책임질 수 없는 것들이 꼭 몇 개는 생기는 법이니까요.

약속과
신뢰,
꼭 붙어
있는
두 가미
문

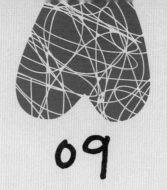

09

내가
너보다 더
잘했으면
좋겠어

동화 '토끼와 거북이' 이야기를 알고 있지요? 토끼와 거북이가 달리기 경주를 해서 거북이가 기적적으로 이긴다는 이야기 말입니다. 처음부터 토끼와 거북이의 경쟁은 거북이에게 일방적으로 불리한 것이었어요. 그런데도 거북이는 토끼와 달리기로 경쟁을 해요. 나중엔 거북이가 이겼지만, 사실 토끼의 오만에서 비롯된 과실로 인한 결과였어요. 만일 토끼가 과실을 저지르지 않았다면 거북이는 절대로 토끼를 이길 수 없었을 거예요.

그런데 한 가지 의문이 들지는 않나요? 왜 거북이는 토끼에게 절대적으로 유리한 달리기로 경쟁을 했을까요? 무슨 생각으로 토끼와 그런 무모한 경쟁을 한 걸까요? 거북이는 정말 토끼를 이길 수 있다고 생각한 걸까요?

경쟁과 관련된 재미있는 이야기들이 참 많아요. 우선 신화를 살펴보면 인간만이 아니라 신들도 끊임없이 경쟁을 한 것을 알 수 있어요. 그리스 로마 신화에도 인간처럼 질투하고 경쟁하는 신들의 이야기가 참 많이 나와요. 제우스의 아들 헤라클레스는 아름다운 공주 데이아네이라를 얻기 위해 강의 신 아켈로스와 경쟁을 했어요. 또 불화의 여신 에리스가 던진 "가장 아름다운 여신에게"라고 씌어진 황금사과를 차지하기 위해 헤라와 아테나, 아프로디테가 경쟁을 해요. 이 재판을 맡은 파리스는 "인간 세상에서 가장 아름다운 미녀를 주겠다"는 아프로디테의 말에 황금사과를 아프로디테에게 주게 되지요. 아프로디테는 스파르타의 왕 메넬라오스의 아내 헬레네를 파리스에게 주게 되고, 이 일로 헬레네를 차지하기 위해 메넬라오스와 파리스가 벌이는 트로이 전쟁이 일어나요.

예술가들의 경쟁 이야기도 참 많이 전해지고 있어요. 현대 회화의 거장으로 꼽히는 피카소와 마티스는 경쟁 관계에 있는 라이벌로서 끊임없이 서로를 견제했지만, 서로에게 영감과 자극을 주고 예술적인 영향을 주고받으며 우정을 쌓아 나가는 관계이기도 했어요. 서로에 대한 경쟁의식이 긍정적으로 작용한 경우지요.

레오나르도 다빈치와 미켈란젤로의 이야기도 재미있어요. 예술가로서 최고의 경지에 올라 찬사를 받고 있던 다빈치 앞에 스물세 살이나 어린 미켈란젤로가 등장하면서 두 사람의 경쟁은 시작되었어요. 다빈치를 향한 미켈란젤로의 경쟁심이 만들어 낸 위대한 조각품이 바로 5미터가 넘는 '다비드상'이에요. 또 미켈란젤로의 등장에 자극을 받은 다빈치가 탄생시킨 작품이 지금도 전 세계인의 사랑을 받는 명작 '모나리자'랍니다. 이후에도 서로에 대한 경쟁심은 최고의 예술가였던 그들을 보다 더 채찍질해 수많은 걸작을 만들어 내는 원동력이 되었어요. 결국 경쟁심이 그들을 더욱 발전시킨 거지요.

천재 음악가 모차르트와 경쟁한 살리에리의 이야기도 유명해요. 당대 유럽 최고의 음악가로서 뛰어난 음악적 역량을 펼치고 있던 살리에리였지만, '하늘이 내린 천재'라는 최고의 찬사를 들으며 음악에 대한 천부적인 영감과 재능을 보여준 모차르트에게 질투를 느꼈다고 해요. 1인자에 대한 2인자의 열등감과 질투심에 대한 표현으로 '살리에리 증후군'이라는 말이 나올 정도였어요.

국어사전을 찾아보면 경쟁이란 '같은 목적에 대하여 이기거나 앞서려고 서로 겨룸'이라고 뜻이 정리되어 있어요. 경쟁은 인간에겐 탄생부터 시작되는 숙명적인 것이에요. 우리 모두가 알고 있듯이, 난자를 향해 달려가는 경쟁에서 승리한 정자의 수정으로 우리가 태어날 수 있었잖아요. 이렇게 태어나면서부터 경쟁을 시작한 인간은 평생을 경쟁 속에서 살아갈 수밖에 없는 존재예요. 아니 인간만이 아니라 살아 있는 모든 생명체들은 생존 경쟁을 할 수밖에 없는 존재예요.

우리는 성장하면서 수없이 많은 경쟁을 하게 돼요. 특히 학교에 다니는 십대들은 성적과 입시에 대한 경쟁으로 많은 스트레스를 받고 있을 거예요. 사회에 나가게 되면 살아남기 위해서 더욱 많은 경쟁을 해야 하는 게 현실이고요. 경쟁에서 내가 더 잘하고 싶고 이기고 싶어 하는 건 인간이라면 당연해요.

그런데 모두가 경쟁에서 이기려고 노력하다 보니 오로지 경쟁에서 이기기 위해 옳지 못한 방법이 동원되기도 하고, 경쟁에서 졌다는 사실 때문에 좌절하며 때로 극단적인 선택을 하는 경우까지 생겨요. 살아남기 위한 처절한 투쟁! 경쟁은 정말 그런 것일까요?

'경쟁'과 '경쟁자'를 의미하는 영어 'competition'은 라틴어 'compedare'를 어원으로 하는데, 여기서 'com'은 'with'(함께)를 의미하는 접두어예요. 즉 '경쟁'은 최선의 결론을 '함께 추구하다'라는 의미를, '경쟁자'는 적이 아닌 '함께 최선의 것을 추구하는 동반자'라는 의미를 갖고 있다고 할 수 있어요. 하지만 우리들 대부분은 경쟁은 고통스러운 투쟁으로, 경쟁자는 수단과 방법을 가리지 않고 이겨야 하는 대상으로 보는 경향이 있어요. 오로지 이기는 것만을 최고의 가치로 보는 경쟁에 대한 잘못된 의식이 사회에 넘쳐나기 때문일 거예요. 교육조차도 경쟁에 대한 그릇된 인식을 심어 주고 있는 탓이기도 하고요.

내가
너보다 더
잘했으면
좋겠어

미국의 「LA타임스」라는 신문에서는 우리나라에서 벌어진 유명 기업의 비자금 의혹, 대선 후보의 주가 조작 사건 연루 의혹, 외국 어고등학교의 시험지 유출 사례, 유명인의 학력 위조 사건, 고위 공무원의 뇌물 수수 사건 등을 소개하면서 부정부패 스캔들이 한 국에서 끊이지 않고 있는 이유로 잘못된 경쟁의식과 성공에 대한 강박관념을 꼽았다고 해요. 한국에는 사회 내 경쟁이 치열해지면 서 부도덕한 방법으로라도 남을 제치고 올라서야 한다는 잘못된 경쟁의식이 팽배해 있고, 반드시 성공해야 한다는 강박관념이 스 캔들을 일으키고 있다고 분석한 거예요. 특히 학연이나 지연, 혈연 으로 얽힌 인간관계에 의존하면서 서로 뒤에서 헐뜯는 문화에서 벗어나지 못하고 있다고 했다는군요. 부끄러운 기사 내용이에요.

경쟁은 순기능과 역기능을 모두 갖고 있어요. 역기능으로 작용 하면 오로지 경쟁에서 이겨야 한다는 강박관념에 빠져 오히려 자 신을 망치는 부정적인 결과가 나타나요. 하지만 순기능으로 작용 하면 자신을 채찍질함으로써 내면의 열정과 잠재력을 이끌어 내는 긍정적인 동기가 될 수 있을 거예요. 경쟁자를 인정한 후 더 분발 하고 노력하면서 자신의 장점은 키우고 단점은 수정 보완해서 현 재보다 더욱 발전된 삶을 추구할 수 있게 해줄 테니까요. 긍정적인 가치에 초점을 맞춰 경쟁을 생각해 보면, 경쟁으로 인한 '결과'보다는, 경쟁을 하는 '과정'에서 얻게 되는 것이 훨씬 더 소중하다는 것을 깨달을 수 있어요.

「연합뉴스」의 맹찬형 기자가 쓴 『따뜻한 경쟁』이라는 책에는 이런 내용이 있어요.

"어떤 체제에서 살아가든 경쟁을 피할 도리는 없다. 경쟁은 인간의 본성 깊은 곳에 자리 잡고 있고, 사회는 경쟁을 통해 성장한다. 다만 어떤 경쟁을 하느냐에 따라 결과는 완전히 달라진다."

맞아요. 우리가 이 사회에서 살아가는 한 경쟁을 피할 수는 없겠지요. 그렇다면 경쟁이 불가피한 이 세상에서 경쟁에 대해 어떤 생각을 가져야 할까요?

'토끼와 거북이' 이야기로 다시 돌아가 볼게요. 아마도 거북이는 자신이 토끼를 이길 수 없다는 사실을 알고 있었을 거예요. 하지만 토끼와의 경쟁으로 자신의 한계에 도전하고 더욱 발전하는 계기로 삼았던 건 아닐까요? 그래서 절대적으로 불리한 달리기라는 종목으로 경쟁한 것은 아니었을까요? 만약 토끼가 앞서 나갈 때 거북이가 좌절감에 빠져 포기했더라면 거북이는 토끼를 이길 수 없었을 거예요. 토끼가 오만에 빠져 잠을 잘 거라는 사실을 거북이는 알지 못했지만 끝까지 최선을 다함으로써 기적적인 승리를 맛보게 되었어요. 거북이는 토끼를 이기겠다는 '결과'의 중요성보다는 자신의 약점을 극복하기 위해 최선을 다하는 '과정'의 소중함을 생각한 건 아닌지 모르겠어요. 경쟁, 그 자체를 즐기면서 말이에요.

여러분은 어떤 경쟁을 하고 싶은가요?

남을 이기기에만 급급한 경쟁과

남을 인정하고 나를 발전시키는 경쟁,

어느 쪽이 진정한 경쟁이라고 생각하나요?

비록 현재 나의 능력이 부족할지라도

도전정신과 노력으로 토끼를 이겨 낸

거북이가 될 생각은 없나요?

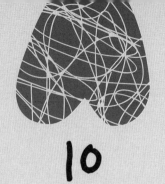

10

소심하고
매력 없는
나,
누가
좋아해
줄까?

흔히 친구들과 이런 얘기 많이 하지요?

"쟤는 털털하고 발표도 잘해!"

"쟨 공부도 잘하는데 운동도 끝내 준다며?"

"와! 저 연예인들 좀 봐 장난 아냐. 몸매가 예술이야. 키도 190이 넘는대!"

이럴 때 혹시 누군가와 자신을 비교하며 속으로 이런 생각을 해 본 적은 없나요?

'난 공부도 못하고 키도 작아. 소심해서 말도 잘하지 못하고. 그래서 인기가 없는 걸까? 왜 이렇게 난 매력이 없는 거지?'

소희는 너무나 말수가 적어서 고등학교까지 학교생활기록부에 "내향적임", "말이 없음", "그림같이 앉아 있음"이라는 말들이 빠지지 않고 쓰여 있었어요. 어려서도 그랬대요. 어느 날 엄마랑 시장에 갔는데 시장에서 만난 엄마 친구가 "어머나, 예쁘게 생겼네. 이름이 뭐니?" 하고 말을 걸었대요. 그런데 소희는 대답도 하지 못하고 엄마 뒤로 숨었어요. 마음속으로는 열 번도 더 '소희예요'라고 말하고 싶었지만 입이 떨어지지 않았어요. 엄마가 "빨리 말해, '박

소희'라고" 하고 다그쳐서 간신히 말은 했지만 소리가 너무 작아서 엄마 친구 귀에는 들리지도 않았어요. 집에서는 그렇지 않은데 왜 다른 사람들 앞에서는 그렇게나 수줍음을 타는지 모르겠대요.

그래서인지 소희는 늘 자신감 없고 소심한 자기 성격이 싫었다고 해요. 부모님도 걱정 어린 시선으로 보고, 심지어 친한 친구들도 자기 의견을 물어봐 주지 않아 무시당하는 느낌이 들어서 슬플 때가 많았어요. 수줍음 때문에 어떤 때에는 마음에 드는 친구가 있어도 말을 건네지 못하고, 함께 놀고 싶어도 "같이 놀자"라는 말을 쉽게 하지 못했어요.

어느 날 수업 시간에 몹시 아팠는데도 선생님에게 말을 하지 못하고 내내 찡그리고 있었어요. 그런 소희가 걱정스럽고 답답했는지, 대신 다른 아이가 선생님에게 말해서 보건실에 갈 수 있게 도움을 주기도 했어요. 소희는 이런 자기의 소심한 성격이 너무나 싫은데 어쩌면 좋겠느냐고 내게 하소연을 하곤 해요.

수줍고 내향적인 성격에 대해 사람들은 보편적으로 부정적으로 생각해요. 사실 내향적인 성격이 나쁜 것은 아니에요. 심리학자들이 실험을 통해 증명한 사실인데요. 활발한 성격을 지닌 집단과 내향적인 성격을 지닌 집단의 행동을 관찰한 결과, 내향적인 성격의

소심하고
매력 있는
나,
누가
좋아해 줄까?

집단이 일처리 면에서 합리적이고 꼼꼼하고 체계적이며 생각도 깊게 한다는 결과가 나왔어요. 다시 말해서 수줍고 내향적인 성격이 잘못된 것이 아니라 오히려 장점이 많다는 말이에요. 그러니까 소심함 속에도 나의 좋은 점, 즉 매력이 분명 있어요.

자신이 가진 매력이 없다고요? 이런, 자신감이 없는 거군요. 자신감을 갖기 위해서는 뭔가 내가 잘하는 걸 찾아봐야 해요. 자신감 있게 살아갈 때 자존감도 생기고요. 자존감은 아주 단순하게 말해서 '자신을 존중하는 마음'이에요. 다른 말로 '자아존중감'이라고도 해요. 자신을 존중하지 않는 사람이 어디 있을까 싶지만, 일상에서는 존중하고 있는 듯해도 자신감을 잃고 자신을 비하하면서 괴롭힐 때가 종종 있어요. 다 자존감이 없어서 생기는 문제예요.

자아존중감은 개성을 찾고 다른 사람들로부터 독립성을 갖는 데 중요한 역할을 해요. 특히 십대 때에는 자존감 발달에 민감하게 반응하는 시기이기 때문에 상처도 쉽게 입게 돼요. 하지만 그대로 멈추는 것이 아니라 이후의 또 다른 사람과의 상호작용 등에 따라 자존감이 성장하기도 하고 위축되기도 하면서 변화해요. 그래서 자존감을 갖도록 노력하면서 키워 나가려는 자세를 길러야 해요. 의식적으로 신체적, 심리적, 지적 성장을 추구할 필요도 있고요. 다양한 문화 체험을 해보는 것도 좋아요. 다양한 체험을 한 사람과 그렇지 않은 사람은 인성 면에서 많은 차이를 보이거든요.

심리학에서는 청소년기에 대해 다른 사람과의 관계 속에서 자신에 대해 많은 것을 배우고 정체성을 형성하기 위해 실험을 하는 시기라고 말해요. 그래서 학교나 가정 혹은 특정 그룹에서 다양한 활동을 하며 정체성을 탐구해야 한다고 해요. 하지만 정체성을 탐색하는 과정에서 알코올이나 약물 남용과 같이 건강하지 못한 일탈 형식으로 자신을 시험하는 경향도 있어요.

나쁜 방향으로 빠지지 않기 위해서는 어떤 재능을 키우거나 창의력을 발휘하고 자유롭게 참여할 수 있는 활동이 도움이 돼요. 예를 들면 연극, 춤, 요리, 문화 탐방 등 직접 흥미 있는 일을 찾아내 취미로 적극 참여하는 거예요. '너무 어렵고 귀찮아' 혹은 '소심한 내가 그런 활동을 어떻게 할 수 있을까?' 하고 두려워하지 않았으면 해요. 다른 방법도 있어요. 음악회나 미술 전시회 등 주로 감상이나 관람 위주의 활동도 많아요.

여러 가지 다양한 활동을 하는 자신을 생각해 보니 자신이 꽤 매력 있다고 느껴지진 않나요? 스스로를 파괴하는 가장 무서운 것 중 하나는 마음속에 숨어든 걱정과 두려움이라는 괴물이에요. 공연히 부정적인 생각을 키워서 나의 인격과 삶을 괴롭히지요. 인생에서 때로 혼자서는 도저히 바꿀 수 없는 삶의 조건들이 있긴 해요. 외모라든가 가족 등이 바로 그러한데, 문제는 바꿀 수 없는 것에 대해 자꾸 불평하고 못마땅해하고 원망하기만 하면 더욱 불행해질 수밖에 없다는 사실이에요. 우선 내가 나를 어떤 눈으로 바라보고 있는지 자문해 보세요. 생물학적으로 말한다면 우리는 각자 5억 대 1의 경쟁률을 뚫고 태어난 존재예요. 귀중한 존재라는 사실은 이미 깨달았을 테니 이젠 그걸 증명하는 일만 남은 셈이네요.

　미국의 전설적인 실업가 잭 웰치는 아주 소심한 말더듬이었대요. 한심한 말주변 때문에 더욱 위축되어 말을 하기 싫어하던 그에게 어머니가 말했어요.

　"너는 너무 머리가 좋아서 혀가 머리를 못 쫓아가는 거야."

　자신의 결함을 좋은 점으로 바꿔 놓은 사람은 상당히 많아요. 소위 위인이라 불리는 사람들이 모두 그런 결함들을 극복한 사람들이에요. 신약성서의 반을 기록한 바울이라는 인물은 전해지는 바에 의하면 키도 작고 인상도 좋지 못하고 남모르는 질병으로 늘 고통을 받고 있었어요. 하지만 하나님의 은총을 깨닫고 그것을 절절히 기록했대요. 그 유명한 헬렌 켈러 역시 눈도 보이지 않고 귀도 들리지 않고 말도 할 수 없었지만 하버드에 입학해서 맹아, 농아로서 세계 최초의 대학 교육을 받은 사람이 되었어요. 그래서 장애인들에게 새로운 희망과 긍정을 선물했고요.

여러분은 위인이 아니라고요? 그들도 처음부터 위인은 아니었어요. 자신의 부족한 점 때문에 힘들어하고 난처해하던 소박한 사람들이었어요. 다만 그것을 극복하려고 더 많은 생각과 행동을 한 노력이 그들을 바꿔 놓은 것이지요. 나의 부족한 점을 곰곰이 생각하다 보면 어느 순간 생각이 180도 바뀌기도 해요. 하지만 나에게 문제가 있다고 난처해하거나 의기소침해진 채 한탄만 하고 있다면 아무것도 달라지지 않을 거예요.

나에 대해 긍정적으로 생각하면서

숨어 있는 매력을 찾아보세요.

내 부족한 점이 걱정이 되지만 거기서 그치지 않고

딛고 일어서겠다는 용기도 가져 보고요.

어쩌면 신은 나를 위해 생각지도 못한

큰 선물을 준비하고 있는지도 모를 일이잖아요.

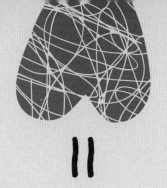

11

남의
콤플렉스,
건드려서
좋을 거
없잖아

친구 간에도 흔히 오가는 "네가 그렇지 뭐", "내 그럴 줄 알았어"라는 말은 어떤 상황에서 그 사람을 단정 지으며 낙인을 찍듯 하는 말입니다. 또 나는 죽어라 열심히 했는데 친구들은 농담처럼 "그것도 못하냐?", "이것도 몰라?" 하고 놀리기도 해요. 신경정신과 하지현 박사는 『소통의 기술』이라는 책에서 이러한 말들이 그 사람의 정체성이나 약점, 콤플렉스, 아니면 자기 확신마저 뒤흔드는 위험한 것일 수 있다고 경고해요. 듣는 이로선 자존심이 무너지는 심리적 압박감마저 느끼게 된다고요.

"네가 웬일이야? 이런 걸 다 하고?"라는 식의 말 역시 칭찬으로 하는 말이지만 듣는 입장에서는 가끔 비아냥거리는 말처럼 들리기도 해요. 평소 상대방이 나에 대해 갖고 있던 '저평가'가 고스란히 전해지니까요. 무엇보다도 자존심이 상해요. 더불어 적대감마저 들고요.

사람은 누구나 약한 부분이 있어요. 외형적인 것이든, 내면적인 것이든 자기만의 단점이 있지요. 누가 말하지 않아도 자기 자신이 가장 잘 알아요. 그래서 그런 약한 부분은 대부분 다른 사람이 잘

볼 수 없도록 감추려고 애를 써요. 만약 남의 입으로 전해지게 되면 당사자는 마음에 큰 상처를 입게 돼요.

콤플렉스는 학문적으로는 융 심리학에 등장하는 용어예요. 개인의 내면에 억압되어 잠재된 관념이지요. 억압된 관념이 무의식으로 굳어져 자아의 통제에 따르지 않게 되는 복합적 상태라고 할 수 있어요. 이제 콤플렉스는 누구나 사용하는 일상적인 용어가 되었는데, 어디든 콤플렉스라는 말을 붙이면 특정한 심리 상태를 칭하는 용어가 되기도 해요. 이탈리아의 의학 박사 J. 모러스가 쓴 『콤플렉스, 걸림돌인가 디딤돌인가』에는 41가지나 되는 콤플렉스가 제시되어 있어요. 우리가 잘 아는 오이디푸스, 신데렐라, 피그말리온 등과 관련된 콤플렉스뿐만 아니라 악당, 삼손, 달팽이와 관련된 낯설고 생소한 콤플렉스도 많아요.

콤플렉스를 다루는 가장 일반적인 방법은 콤플렉스를 숨기고 대신 다른 능력을 발전시키는 거예요. "작은 고추가 맵다"라는 속담이 적절하겠네요. 작다는 '결함'을 맵다는 '기능'으로 보완하는 거예요. 하지만 모러스의 이야기를 더 들어보면 보다 근본적이고 바람직한 방법에 대해 생각해 볼 수 있어요.

"콤플렉스는 부정적으로 발전할 뿐 아니라 긍정적으로 발전할 수 있는 자연스러운 심리 현상이다. 정신생활에 필요한 요소로서 극복하거나 떨쳐낼 수 있는 것이 아니다. 자신의 일부로 인정하고 그것을 끌어안고 사랑해야 한다. 콤플렉스를 사랑하면 놀라운 일이 일어난다. 수치스러워하고 숨기려 했던 그것이 의식 속으로 통합되는 순간, 좀 더 다양하고 풍성한 인격이 나오게 된다. 콤플렉스가 내 것이 되면서 더 큰 힘을 발휘하게 되는 것이다.”

사실 우리는 자신의 장점만이 아니라 단점까지 온몸으로 끌어안는 사람에게 더 매력을 느끼지 않나요?

사이 몽고메리가 쓴 『템플 그랜든』이라는 전기를 읽어 보면, 그랜든의 어린 시절은 다른 자폐아들과 다를 것이 없었어요. 하지만 애리조나 목장에서 말이나 소와 함께 지내면서부터 그에게 자폐 증상은 약점이 아니라 남과 다른 능력이 되었어요. 자폐아는 동물처럼 감각이 예민해서 고음에 민감하고, 생각을 언어로 잘 표현하지 못하고 이미지로 기억해요. 그래서 그랜든은 동물이 언제 어떻게 위협을 느끼는지 이해할 수 있었어요. 동물의 감정을 알아차릴 수 있었던 거예요. 현재 그는 세계적인 동물학자로 이름을 날리며 2010년 시사 주간지 「타임」이 선정한 '가장 영향력 있는 인물 100명'에 선정되기도 했어요. 그랜든의 자폐증은 사라지지 않았지만 오히려 그는 자폐를 자신에게 주어진 특별한 능력으로 받아들였어요. 이처럼 누구나 한두 가지 열등한 구석이 있기 마련이지만 자신의 문제를 절망이 아닌 삶의 원동력으로 삼는 사람도 많아요.

'courage'(용기)라는 단어는 '심장'을 뜻하는 라틴어 'cor'(코르)에서 나왔어요. 심장을 내주듯 마음을 주는 것이 용기라는 의미로 생각해 볼 수 있겠네요. '나는 불완전하다'는 말을 스스럼없이 털어놓을 수 있는 것도 바로 용기겠지요.

인간의 취약점에 대해 오랫동안 연구를 해온 미국의 학자 브레네 브라운은 취약점이 지닌 놀라운 힘을 보여줘요. 그의 표현에 따르면 취약점은 '용기를 측정하는 기준'이라고 해요. 십여 년 동안 수천 명의 사례를 연구한 결과, 용기 있는 사람들의 특징은 자신의 결점을 숨기려 하지 않고 오히려 다른 사람에게 완전히 드러낼 줄 아는 것이었대요.

커뮤니케이션 전문가 김호는 '쿨한' 커뮤니케이션은 바로 자신의 장점은 '남의 입'에서, 단점은 '내 입'에서 먼저 나올 때 이루어진다고 했어요. 모든 것이 공개되는 소셜 미디어 시대에는 특히 자신의 실수나 잘못, 결점에 대해서 자기 입으로 먼저 쿨하게 말하는 것이 더 나은 소통 전략이 되어 가고 있다고 해요.

실제로 최근 앞서 가는 기업들은 새로운 소통 전략으로 자신들의 약점을 '자기 입'으로 '고백'하고 있어요. 맥도날드 사례를 예로 들어 볼게요. 최근에 맥도날드 캐나다 지사는 소비자들로부터 왜 매장에서 사 먹는 햄버거가 광고에 등장하는 햄버거처럼 멋지지 않느냐는 질문을 받았대요. 그들은 동영상을 통해 햄버거를 맛있게 보이게 하려고 각종 전문가들이 주사기와 컴퓨터로 이미지를 어떻게 조작하는지를 그대로 보여주었어요. 그런데 뜻밖에도 이 '고백 광고'는 소비자들에게 실망감보다 신뢰감을 안겨 주었어요. 고백은 사실을 숨김없이 밝힌다는 뜻으로, 우리가 알고 있는 광고와는 반대말에 가까워요. 하지만 맥도날드가 스스로 자기 약점을 먼저 내보인 것은 광고와는 또 다르게 매력을 드러낸 셈이에요.

아무리 콤플렉스나 결점을 극복하는 데 있어 고백이 좋은 방법이라 해도 선뜻 입 밖에 꺼내기는 힘들어요. 들키기 싫은 결점을 가진 친구가 있다면 스스로 얘기를 꺼낼 때까지 기다려야 해요. 내가 먼저 그 친구의 상처를 건드리는 일은 없어야겠지요. 친구 사이에는 반드시 지켜야 하는 '자존심의 문제'가 분명 있어요. 옳고 그름의 문제를 벗어난, 누구에게나 있는 자존심의 문제 말이에요. 내 마음의 얼룩덜룩하고 울퉁불퉁한 면을 바라보듯 친구의 문제도 이해하려고 노력해 보세요. 누가 봐도 명백한 결점이라 해도 타인의 충고와 함께 지적을 받으면 그 기분 참 좋지 않아요.

문득 김형경 작가의 글 중 이런 구절이 생각나네요.

"콤플렉스를 사랑하지 못하겠으면 최소한 그 자체를 있는 그대로 인정하는 방법이 있다. 콤플렉스는 이제 심리적 결함이 아니라 심리적 특별함일 뿐이다."

친구의 취약점인 콤플렉스를 대할 때 그 친구의 '치부'로만 보지 말고, 인정하는 순간 보게 되는 어엿한 '특별함'이라고 생각하는 게 어떨까요? 친구들끼리도 결점을 우아하게 숨기는 법을 공유하기보다는 스스럼없이 털어놓을 용기를 나누어 보는 것도 괜찮을 것 같고요.

만약 빨강머리 앤의 머리카락이 탐스러운 금발이었다면,

반 고흐가 무진장 돈이 많았다면,

베토벤의 귀가 남들보다 잘 들렸다면

과연 우리는 그들을 지금처럼

사랑하고 오래 기억할 수 있었을까요?

크게 보이는 친구의 단점은 작게 생각해 주고,

그 단점 때문에 친구가 순간 좌절하게 되더라도

결코 쫄지 말라고 멋지게 격려해 보세요.

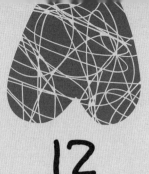

12

성격이
다르다고
쉽게
싫어하거나
미워하지
말자

　　　　　　　3년 전쯤 초등학교 1학년 담임을
맡은 적이 있어요. 수업 시간도 적고 하니 방과후 개인 시간을 가질
수 있으리라 기대했지요. 하지만 그 기대는 1학기 첫날부터 팍삭
무너졌어요. 입학식 후 운동장을 정리하느라 교실에 조금 늦게 들
어갔는데, 약 30명의 여덟 살들이 나를 기다리고 있었어요. 처음엔
올망졸망하게 생긴 것이 다 똑같아 보였는데, 자세히 보니 생김새
는 물론 행동도 어떻게 그리 다른지요. 그새 옆 아이와 시비가 붙어
울고 있는 아이, 혼자 교실 뒤에서 점프하며 뛰어노는 아이, 엄마
를 찾는 아이, 그리고 아예 책상 위에 드러누운 아이……. 나는 그
일 년을 마치 다른 해의 두 배로 보낸 것 같아요. 물론 귀염둥이들
과 정도 들고 동생뻘 되는 젊은 아빠들과 퇴근길 한잔의 쏠쏠한 재
미도 있었지만요. 동일한 상황에서 아이들의 행동이 다른 것은 왜
일까요? 아마 성격이 제각각 서로 다르기 때문이겠지요?

　여기는 해말고등학교 1학년 3반 국어 시간. 사람의 성격이 왜 다
른지에 대해 조별 토론이 한창이에요. 국어 선생님이 5조의 토론
현장을 슬그머니 보니 열띤 공방이 벌어지고 있군요. 덩치 크고 야

무진 미현이의 우렁우렁한 목소리부터.

미현 💬 나는 사람이 얼굴 생김새가 다 다르듯 살아온 세월이 달라서라고
생각해.

찬삼 💬 세월이 달라서? 뭔 말이냐?

미현 💬 살면서 겪어 온 경험 때문이지 않겠느냐, 이 말씀이다.

찬삼 💬 아하, 그게 그런 뜻이야? 난 아예 다르게 태어났으니까 그런 것
같은데. 엄마 뱃속에서부터 성격은 다 다르게 만들어져 나오는 거
아닌가?

인호 💬 나도 타고난다고 생각해. 그러니까 바꾸기가 그렇게 어렵지. 난 여
러 사람 앞에 서기만 하면 떨리는 내 성격 고치려고 그렇게 애썼는
데 여태 잘 안 돼. 성격은 정말 타고나는 건가 봐.

진수 💬 나는 경험 때문인 것 같아. 저마다 살아가는 환경과 조건이 다르
니까 성격도 거기에 적응되면서 형성된 게 아닐까? 난 미현이와
동감!

  2 대 2. 찬삼이와 인호는 성격이 타고난다고 생각하고, 미현이와
진수는 경험으로 형성된다고 생각하네요. 과연 5조의 토론 결과지
에는 뭐라고 쓰일까요?

성격이
다르다고
쉽게
싫어하거나
미워하지
말자
💜

서울대 심리학과 민경환 교수는 '다양한 성격 — '다름' 인정하면 행복지수 UP'이라는 칼럼에서 성격을 무시하거나 억지로 바꾸려 하지 말라고 했어요. 그 대신 이해와 존중을 바탕으로 상황을 풀어 간다면 훨씬 바람직한 결과를 얻을 수 있다고요. 뿐만 아니라 성격 은 삶에서 매우 중요하며, 성격에 관해 적절한 지식을 갖추는 것은 우리 모두를 지혜로운 휴머니스트로 격상시키기까지 한다는군요. 그런데 의외로 우리는 성격의 이 중요한 본질에 대해 모르는 게 많 아요.

성격이 서로 다르다는 사실은 우리 삶에서 아주 중요한 문제라 고 할 수 있어요. 흔히 내향적인 사람은 수줍음을 타고 외향적인 사 람은 사교적이라고 생각하는데, 이는 틀리대요. 다만, 내향적인 사 람은 내부에서 에너지를 얻고, 외향적인 사람은 다른 사람들과 같 이 있는 곳에서 에너지를 얻을 뿐이라는 거예요. 즉 수줍음을 타면 서 외향적인 사람이 있고, 사교적이면서도 내향적인 사람도 있을 수 있어요. 성향상 내향적인 사람은 혼자 또는 소수 사람들과 시간 을 보내는 것을 좋아하고 생각을 정리한 후에 말하는 경향이 있어 요. 반면, 외향적인 사람은 일단 말하면서 생각하는 경우가 많다고 해요. 그래서 내향적인 사람은 외향적인 사람이 말을 빨리 많이 해 서 시끄럽다고 생각하고, 외향적인 사람은 내향적인 사람이 답답하고 냉정하다고 생각하곤 해요.

같은 사람인데도 참 다르지요? 서로 다른 성격 때문에 벌어지는 일들이 우리 주위에는 참 많을 거예요. 청소년을 대상으로 한 간단한 조사 결과를 소개할게요. 조사 주제는 '성격이 다르다고 그 친구를 멀리하거나 비난하는 것이 옳은가'예요. 13~15세 청소년 39명이 응답했고, 결과는 다음과 같아요.

응답 내용	응답 수(명)	응답 비율(%)
바람직하지 않다.	36	92.3
상황에 따라 그럴 수도 있다.	3	7.7
—	39	100

나와 다르다고 배척하는 일에 대해 90퍼센트가 넘는 응답자가 바람직하지 않다고 생각하고 있군요. 그러면 현실에서 '다름'으로 벌어지는 수많은 상황들은 어디에서 오는 걸까요? 미국 웨스트버지니아 의과대학이 알아본 통계에 의하면, 세상에는 외향적인 사람보다 내향적인 사람이 더 많다고 하는데 단순히 양측의 소통 부족에서 비롯되는 문제일 뿐일까요?

"모든 사람이 서로에 대해 어떻게 말하는지 알게 된다면 누구든 이 세상에서 4명 이상의 친구를 갖지 못할 것이다."

성격이
다르다고
쉽게
싫어하거나
미워하지
말자

프랑스 학자 파스칼의 말이 생각나네요. 사람은 자신과 다른 점을 가진 사람에 대해 말하기를 좋아하는데, 그 말을 인정하지 않거나 섭섭해하면 친구 관계를 맺기가 어렵다는 뜻이에요. 또 한 가지 곱씹어 볼 말이 있어요. 인디언의 오래된 속담이에요.

"친구란 내 슬픔을 등에 지고 가는 자."

친구가 나와 다른 것일까, 아니면 내가 친구와 다른 것일까 하는 소모적인 고민에서 벗어나 이해와 배려를 중심에 둔 관계를 만드는 게 낫지 않을까요? 그것이 '다름'의 인정을 바탕으로 하는 진정한 친구 관계일 거예요.

"쟤는 성격이 참 좋아" 혹은

"쟤는 성격이 좀 그래"라는 판단이

어쩌면 나의 주관적인 기준에서 비롯된 건 아닌지 생각해 보세요.

나와 잘 맞는다고 좋은 성격이고,

나와 좀 불편하다고 나쁜 성격이라고 쉽게 판단하진 말고요.

모든 사람이 다 같은 성격을 갖고 있다면

그런 세상도 정말 이상할 거예요.

성격이
다르다고
쉽게
싫어하거나
미워하지
말자

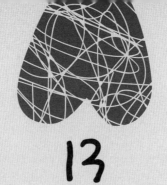

13

나쁜
친구로
보일지라도
다시
한 번
잘 봐

세종대왕 시대의 황희 정승에 얽힌 일화는 참 많아요. 그중에서도 유명한 이야기 하나. 하루는 집 안에서 일하던 여종 둘이 싸움이 나서 서로 자기가 옳다며 황희 정승에게 하소연을 했어요. 누가 옳은지 판단해 달라는 거였지요. 황희는 이쪽 얘기를 듣고 "네가 옳구나" 하고 답했고, 저쪽 얘기를 듣고는 "너도 옳구나" 하고 답했어요. 두 여종이 어이가 없어 어리둥절해하고 있자 정승의 부인이 나섰어요.

"아니, 대감! 이쪽도 옳고 저쪽도 옳으면 누가 잘했다는 거요? 판정을 해줘야 싸움이 멎을 것 아니오?"

그 얘기를 듣고 황희가 또 한마디 했어요.

"그러고 보니 당신도 옳소."

요즘이라면 세 사람 모두 '멘붕' 상태에 빠질 만한 답변이네요. 고개를 갸우뚱대는 종들에게 황희가 이유를 덧붙여요.

"사람은 늘 상대방 잘못은 크게 보는데 자신의 잘못은 못 알아본다."

성경의 비유를 빌리면 "남의 눈에 있는 티는 보면서 내 눈에 있는 들보는 보지 못한다"라고 일침을 놓은 거예요. 남의 잘못만 보면 자기가 옳아 보이겠지만 자신의 잘못을 먼저 들여다보면 남이 옳다는 것도 인정하게 된다는 의미예요.

우리는 흔히 양비론(兩非論, 양쪽 의견이 모두 틀렸다는 논리)을 비판해요. 박쥐처럼 이랬다저랬다 하며 입장이 없는 것을 문제라고 여기기 때문이에요. 양시론(兩是論, 양쪽 의견이 모두 옳다는 논리)은 어떨까요? 이와 관련해 『논어』에 나오는 이야기를 해볼게요.

제자 자공이 공자에게 동네 사람 모두가 좋아하는 사람은 어떤 사람인지 물었어요. 그러자 공자는 좋은 사람이 아니라고 답한 후, 동네 사람이 다 싫어하는 사람도 역시 좋은 사람이 아니라고 해요. 착한 사람이 좋아하고 나쁜 사람이 싫어하는 사람이야말로 좋은 사람이라는 얘기지요. 공자의 말씀대로라면 세상 사람들이 누구나 좋아하는 사람은 실은 나쁜 사람이에요. 누구에게나 좋은 사람은 나쁜 사람에게도 좋은 평가를 받으려고 악에 대해서도 입장이 불분명하니까요. '나쁜 놈'들과 친해지려고 나쁜 것도 오냐오냐한다면 그거야말로 나쁜 거지요. 그러면 황희처럼 '너도 옳다, 너도 옳다' 하다 보면 결국 나쁜 사람이 될 수밖에 없을까요?

머리에 쥐가 나는 고전 이야기를 했으니 이번에는 동심으로 돌아가 볼게요. 동화작가 황선미의 『나쁜 어린이표』라는 책, 많이 읽어 봤나요? 주인공 이름은 건우예요. 담임선생님은 어린 학생들에게 선과 악을 구분하라는 뜻에서 나쁜 일을 하면 노란색 '나쁜 어린이표'를, 착한 일을 하면 초록색 '착한 어린이표'를 줘요. 근데 건우는 사소한 실수를 반복하는 바람에 노란색 표가 쌓이게 돼요. 착한 어린이가 되고 싶은데 엎친 데 덮친 격으로 친구가 시비를 걸어 싸움도 하게 되고요. 시비를 건 친구가 먼저 울음을 터트리면서 건우는 노란 표를 또 받게 돼요.

담임선생님은 건우에게 벌로 나머지 공부나 청소를 시키고, 건우의 머릿속은 노란색 스트레스로 가득해져요. 친구들은 멀어지고, 좋은 어린이가 되고 싶은데 도와주지 않는 담임선생님은 밉고……. 만일 건우가 어른이었다면 어떻게 됐을까요? 누군가 일방적으로 계속 나쁜 사람이라고 매도하면 정말 그는 오로지 나쁜 사람인 걸까요?

러시아 작가 도스토옙스키는 『죄와 벌』을 통해 우리에게 선과 악에 대한 번민을 전해요. 주인공 라스콜리니코프는 한 노파를 아주 잔인하게 살해해요. 그 노파는 고리대금업을 하면서 가난하지만 착하게 살려는 사람들을 착취해 왔어요. 라스콜리니코프는 자신이 벌레를 청소했다고 여기며 악마성을 드러내지요. 그런 그가 소냐라는 여인을 사랑하게 되면서 죄를 자수하고 구원에 이르는 길을 가게 돼요. 여기서 작가는 우리에게 '인간에게 선과 악의 경계는 어디인가?'라는 질문을 던져요. 우리가 착하게 살려고 할수록 악에 대해서는 담을 쌓고 싶어져요. 그런데 인간은 날 때부터 악한 본성도 함께 지니고 태어나요. 아무리 담을 쌓아도 각자의 내면에서 자라나는 악의 기운을 느낄 때가 있어요. 또 다른 작가 카프카는 이런 말도 했지요.

"선은 악을 모르지만 악은 선을 알고 있다."

어쩌면 선한 기운보다 악한 기운에 약한 게 인간의 본성일 수도 있어요.

중학교 다닐 때 담배를 피우는 친구가 있었어요. 이전에는 학교에서 학생들의 비행을 예방한다며 소지품 검사를 자주 했어요. 그런 일이 있을 때면 그 친구는 태연하게 자기 가방을 남의 것과 바꿔치곤 했지요. 특히 평소 행동이 모범적이고 착한 학생들이 마치 먹잇감이라도 된 양 아무 말도 못 하고 가방을 바쳐야 했어요. 선생님들이 모범생들의 소지품에는 손을 대지 않는다는 걸 역이용한 거예요.

반 학생들은 소지품 검사가 끝나면 숙덕숙덕했어요. 선생님에게 알리려니 비겁한 것 같기도 하고, 알린다고 해도 보복을 당할까 봐

무섭기도 하니 말만 몇 번 하다가 넘어가곤 했지요. 시간이 흘러 그 친구가 실은 한 학년을 쉬었고 집안 사정도 어렵고 과거에는 공부를 열심히 하던 평범한 학생이었다는 사실이 알려졌어요. 담임선생님은 일부러 공부 잘하는 학생들 옆에 자리를 마련해 주었어요. 짝이 되자 그 친구는 담배 냄새를 지우려고 갖고 다니던 땅콩을 선뜻 내놓으며 사이좋게 지내자고 말을 걸어왔어요.

멀리서 바라볼 때에는 도저히 가까이할 수 없을 것 같았던 친구였지만 결석을 하면 걱정이 되었어요. 옆 학교 아이들과 싸우러 나간다며 가방 속에 든 흉기를 보여줄 때에는 말려 보기도 했고, 얼굴이나 손에 흉터가 생긴 채 나타나면 애잔한 마음으로 쳐다보게 되었어요. 그 친구도 조금씩 변해 가서 바깥에서는 깡패 흉내를 내고 다녀도 학교 친구들에게는 티를 덜 냈어요. 차츰 말이 통하면서 개똥철학으로나마 의미 깊은 대화도 오갔고요. 키가 크고 나이도 많아 형처럼 올려다봤던 그 친구에게 삶의 슬픔이 있다는 것도 알게 됐어요. 나중에는 다른 짓궂은 친구들로부터 방패막이가 되어 주기도 했지요.

"자신을 불편하게 하는 사람을 가까이하라"라는 말이 있어요. '유유상종(類類相從)'은 편하기는 한데, 그 안에서 '창조적인 파괴'가 일어나지 않는다는 단점이 있어요. 우생학에서도 이종교배가 튼튼

한 종을 만들어 낸다고 하잖아요. 나와 비슷한 사람보다 다른 사람을 사귀다 보면 사람의 생각이 얼마나 다양한지 배울 수 있어요. 사람은 심지어 나쁜 것들부터도 배우는 존재예요. 『나쁜 어린이표』에서 건우는 '나쁜 선생님표'를 만들어 선생님에게 복수해요. 나중에 선생님이 그걸 알고 서로의 허물을 덮어 주기로 약속하면서 화해하지요. 착한 얘기로만 가득 차 있다면 그 동화는 그렇게 많이 읽히지 않았을지도 몰라요.

리투아니아 출신의 프랑스 철학자 에마뉘엘 레비나스는 2차 세계대전을 겪으며 독일에 끌려가 강제 노동을 당했어요. 아무 잘못 없는 사람들에게 고통을 안겨 주는 전쟁 속에서 그는 자신이 고민하는 철학의 주제로 '윤리'를 끌어들였어요. 윤리의 핵심으로 자신과 타인의 관계를 중심에 두고 고민했어요. 그는 "윤리란 바로 타인의 존재를 무시하는 자아중심적인 자발성에 대해 의문을 제기하는 데에서 출발한다"라고 말해요.

누군가를 괴롭히는 사람은 자신만 생각하기 때문에 괴롭힐 수 있어요. 괴롭힘을 당하는 사람의 고통을 내가 그대로 겪는다고 생각하면 때리려고 내뻗던 주먹이 무색해지겠지요. 그렇게 타인을 내 뜻에 따르도록 하고 내 생각에 맞추려고 하는 것은 폭력이라고 할 수 있어요. 직접적으로 때리거나 폭언을 쓰지 않아도 타인을 나처럼 되게 하겠다면 그것도 폭력인 거지요. 타인을 나처럼 만들려 하지 말고 그대로 존중해 주는 것은 사랑이고요.

  레비나스에게 친구 관계에 대해 질문하면 어떤 대답이 돌아올까요? 친구에게서 자신의 모습을 찾아낼 수 있어야 자신의 본모습을 제대로 알 수 있다고 하지 않을까요? 친구와의 관계가 서먹해질 때에는 다 그만한 이유가 있어요. 나는 옳고 친구만 나쁘다고 생각할 때가 있어요. 친구가 내 뜻대로 움직이지 않아서 답답할 때에도 그래요. '근데 혹시 내가 더 나쁜 것은 아닐까?', '나는 나고 친구는 친구인데 왜 꼭 내 뜻에 맞춰야 할까?' 하고 생각해 본다면 어떨까요? 친구에게서 내가 싫어하는 모습이 보일 때 오히려 그걸 거울로 삼아 나를 비춰 본다면 나와 친구가 다시 보일 거예요.

나쁜
친구로
보일지라도
다시
한 번
잘 봐

나도 모르게 친구에게 '나쁜 어린이표'를

열심히 주고 있진 않나요?

그 친구의 겉모습만 보거나

다른 친구들이 귀띔해 주는 말만 듣고서 말이에요.

그래도 한 번은 다르게 봐 주는 게 어떨까요?

누구든 타인은 나의 거울이니까요.

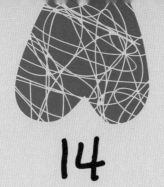

14

설득,
왜
이렇게
이렇게 어려운
거야?

3년 전에 졸업한 제자들이 찾아와 어떤 친구가 왕따당한 일을 어떻게 해결했는지에 대해 이야기를 해주었어요. 제자들이 들려준 대로 말해 볼게요.

성격이 소심한 한 친구가 있었어요. 그 친구에게는 초등학교와 중학교를 같이 졸업한 아주 절친한 친구들이 있었어요. 그 친구들은 항상 소심한 친구와 함께 다니며 서로 제일 친한 친구라고 당당하게 말하고 다닐 정도였지요. 그렇게 사이좋게 지내던 중 한 친구가 다른 친구들에게 그 소심한 친구가 사소한 것까지 너무 따지는 성격이라고 소문을 내면서 왕따가 시작되었어요. 다른 친구들에게 그 친구가 자꾸 따지고 소심해서 짜증나지 않느냐고 말하니까 처음에는 그렇게 생각하지 않던 친구들도 막상 들어보니 그런 것 같다고 맞장구를 쳐 주었어요.

나중에는 그 친구가 전화해도 아무도 받지 않았고, 식당에서 식판을 들고 같이 밥을 먹으려고 하면 다른 친구들은 다 먹지 않았는데도 자리에서 일어나 가 버려서 혼자 밥을 먹기도 했어요. 그런데 두 친구만은 왕따 학생의 편에 서서 지켜 주었다는군요. 그중 한 친구는 체구가 크고 의협심이 강한 친구였어요. 그 친구는 왕따를 시키는 친구들이 같이 왕따시키자고 할 때 단호히 거부하고 왕따가 얼마나 나쁜지 친구들을 설득했어요.

왕따남 💬 야, 걔 진짜 띠껍지 않냐?

의협남 💬 별로. 넌 뭐가 띠꺼운데?

왕따남 💬 항상 자기 것만 챙기고 소심하게 굴잖아.

의협남 💬 그렇다고 걔가 너한테 피해 준 건 없잖아.

왕따남 💬 그러니까 밥맛이지. 지 혼자 놀라고 해.

의협남 💬 뭘 그딴 식으로 말하냐? 마음에 안 드는 점이 있으면 좋게 말하든지, 좋게 말하기 싫으면 차라리 싸워서라도 고치도록 해야지.

결국 친구들은 왕따 학생뿐만 아니라 의협남까지 왕따를 시키자고 분위기를 몰아갔어요. 의협남은 언제나 남의 말에 개의치 않고 바른 말을 하는 성격이었기 때문에 실제로 왕따를 당하지는 않았어요. 하지만 왕따남을 설득하지는 못했어요. 이런 상황에서 갑자기 러시아 작가 안톤 체호프의 말이 떠오르네요.

"부드러운 말로 상대방을 설득하지 못하는 사람은 위엄 있는 말로도 설득할 수 없다."

설득,
왜
이렇게
어려운
거야?

진정한 설득은 남을 굴복시키는 게 아니에요. 상대방이 굴욕감을 느끼며 별수 없이 동의하는 경우에는 나중에 문제가 발생할 수밖에 없거든요.

그때 왕따시키자고 한 친구가 또 다른 친구에게도 동참해 주기를 요구했는데 그 친구는 다른 방식으로 친구를 설득했대요.

왕따남 🗨 야, 걔 진짜 띠껍지 않냐?

설득남 🗨 길동이 말이야?

왕따남 🗨 응, 길동이.

설득남 🗨 길동이가 뭔가 서운하게 했나 보지?

왕따남 🗨 응, 항상 자기 것만 챙기고 소심하게 굴잖아.

설득남 🗨 길동이가 조금 그런 면이 있지.

왕따남 🗨 그래서 우리가 길동이를 왕따시키기로 했어.

설득남 🗨 나도 길동이의 소심한 행동 때문에 기분 나빴던 적이 있어. 하지만 그게 왕따시킬 이유 같지는 않아.

왕따남 🗨 내가 애들한테 다 얘기했는데 한 명 빼고는 다 찬성했어.

설득남 🗨 네가 애들한테 영향력이 크니까 애들이 다 찬성한 모양이네.

왕따남 🗨 내가 영향력이 좀 있지. 하지만 애들이 다 똑같이 느끼니까 찬성했다고 생각해.

설득남 💬 나도 똑같이 느끼지만 우리가 길동이한테 성격을 좀 고쳐 보라고 얘기하는 건 어떨까?

왕따남 💬 나도 처음에는 해봤지. 하지만 길동이는 구제불능이야.

설득남 💬 너는 영향력이 크잖아. 그래서 네 의견에 모두가 동의했고, 네가 다른 애들을 설득한 것처럼 길동이도 설득해 보면 안 될까? 가령 자기 것만 챙기려는 태도에 대해 모두가 서운해한다고 말이야. 나도 길동이에게 말해 볼게.

왕따남 💬 해봐야 소용없을 거야.

설득남 💬 어렵겠지만 너는 해낼 수 있을 거라고 생각해.

왕따남 💬 안 되겠지만 마지막이라는 심정으로 한번 해보지 뭐.

설득남은 왕따시키자고 하는 친구의 말에 일단 귀를 기울였어요. 그리고 왕따남과 길동이를 불러서 서로의 생각을 이야기하게 했지요. 서로의 이견(異見)을 존중하면서 대화를 풀어 나간 거예요. 영국의 정치가 벤저민 디즈레일리가 말했어요.

"설득이란 남의 이견을 존중하는 데에서 시작해야 한다. 한 번의 기회에 성과가 있기를 바라지 말아야 한다."

설득은 상대방에게서 긍정의 답을 이끌어 낼 때 가능해요. 의협남은 왕따남이 말할 때마다 자신의 의견만 말하고 왕따남의 의견

설득,
왜
이렇게
어려운
거야?

을 부정했지만, 설득남은 왕따남의 의견을 존중해 주고 왕따남이 "응", "그래"라고 긍정적으로 답하도록 대화를 이끌어 나갔어요.

왕따를 당한 길동이도 이상한 분위기를 감지했기 때문에 전과는 달리 왕따남의 이야기에 귀를 기울였고, 설득남이 '영향력 있는 친구'라고 한 칭찬에 한껏 기분이 좋아진 왕따남은 길동이와 서로의 차이를 안 후에는 왕따를 시키지 말자고 나섰다고 하네요. 완전히 해결되지는 않았지만 그럭저럭 한 해가 지나면서 왕따도 자연스럽게 사라졌고요.

이 이야기를 들으며 한편으로는 한 학생이 왕따당하는 것을 감지하지 못한 나의 무감각에 대해 반성도 하고, 다른 한편으로는 설득남의 뛰어난 공감 능력과 배려심에 놀랐어요. 설득남은 왕따가 나쁘다는 것은 알고 있었지만 왕따시키자는 친구의 입장도 공감해 주었지요. 그렇게 생각할 수도 있다고 인정해 주면서요. 그리고 왕따를 제안한 친구가 스스로 왕따를 막는 데 나서도록 했어요.

길동이는 셋이서 대화하면서 어렸을 때부터 자기 물건을 챙기지 못하거나 방이 조금이라도 정리되어 있지 않으면 어머니에게 심한 꾸중을 들었다고 했어요. 반면에 왕따남은 어렸을 때부터 동생들과 물건을 함께 쓰며 자랐고, 만약 각자의 몫을 나누거나 하면 언제나 꾸중을 들었다고 했어요. 그렇게 자신의 이야기를 하는 분위기

속에서 길동이와 왕따남은 서로의 차이를 인정하게 되었다는군요.

이 상황을 생각해 보면 타고난 성격이건, 성장과정에서 겪은 경험이건 각자에게는 차이가 존재할 수밖에 없어요. 그러니 남의 입장에서 세상을 바라보는 일이 얼마나 중요한지를 느끼게 돼요.

'사실'과 '해석'에 관해 철학적으로 자주 인용되는 '코끼리 발자국'의 예를 들어 볼게요. 두 사람이 방금 지나온 길에 대해서 논쟁을 해요. A는 길에 코끼리 발자국이 있었다고 말하고, B는 그런 건 없었다고 말하지요. A는 정글의 지리에 밝고, B는 정글의 지리에 대해서는 백지상태였어요. 코끼리 발자국을 잘 알고 있고 정글의 지리에 밝은 사람에게 당연한 '사실'인 '길 위의 코끼리 발자국'은 모르는 사람에게는 절대로 보이지 않아요. 설사 길의 진흙 위에 있는 웅덩이가 그의 눈에 비쳐졌어도 그것을 '보았다'고 할 수 없어요.

사람의 인지 능력은 결코 망막에 비쳐진 모든 것에서 출발하는 것이 아니라 망막 상의 지각과 그것와의 맥락 속에서 움직이는 대뇌의 통합작용 전체에서 출발하는 것이라고 보아야 해요. 그 통합작용에서 얻어지는 것이 이른바 사실이라고 한다면 사실은 결코 변하지 않는 객관성을 지닌 것이 아니며, 또한 항상 그러한 통합작용에 의한 해석을 내포하고 있다고 할 수밖에 없지요.

설득,
왜
이렇게
어려운
거야?

사실이 언제나 해석을 내포하고 있다면 상대방이 올바른 해석을 할 수 있도록 대화할 필요가 있어요. 우리는 누군가와 의견 차이가 있을 때 내가 그보다 더 많이 알고 있다고 생각하는 경우가 많아요. 코끼리 발자국 논쟁도 실제로 코끼리 발자국이 있다는 걸 경험상으로 잘 아는 사람이 그렇지 못한 상대방의 의견에 귀 기울여 주고, 그후에 긍정의 답을 유도하며 대화를 이끌어 나가면 좋지 않았을까 하는 생각이 드네요.

A 💬 이 정글에 코끼리 발자국이 많네요.

B 💬 여기에 코끼리가 있다는 말은 처음 들어요.

A 💬 저도 코끼리 소문은 못 들었어요. 하지만 아까 물웅덩이를 보았나요?

B 💬 네, 물론 보았어요.

A 💬 그 물웅덩이 크기가 한 30센티미터쯤 되지 않나요?

B 💬 네, 그런 것 같아요.

A 💬 그게 코끼리든 아니든, 아무튼 꽤 커다란 생명체가 이 길을 지나간 건 틀림없는 것 같아요.

"설득을 당할 줄 아는 사람만이 설득할 수 있다"라는 말이 있어요.

상대방과의 의견 차이를 인정하고

그의 말에 공감할 줄 아는 사람만이

비록 시간이 걸리더라도 설득에 성공할 수 있을 거예요.

내 의견만 주입시키려 하지 말고

시야를 넓혀 상대방의 생각도 한번 들여다보세요.

설득,
왜
이렇게
어려운
거야?

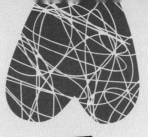

15

친구의
허물
무조건,
감싸는 게
의리 있는
걸까?

지금은 학기말 시험 시간. 고등학교 2학년인 광일이는 열심히 문제를 풀고 있어요. 학교가 도심에 있지는 않지만 그래도 꽤 괜찮다는 학군에 속해 있고, 광일이는 이곳에서 성적이 전교 상위 20퍼센트 안팎이니까 공부를 꽤 잘하는 축에 속한다고 봐야겠지요. 광일이가 풀고 있는 문제를 한번 슬며시 보았어요.

※ 〈보기〉의 글을 읽고 물음에 답하시오. (1~2)

〈보기〉

① 친구라고 생각하면 허물도 덮어 주어야 한다.
② 허물을 덮어 주면 사랑을 받고, 허물을 거듭 말하면 친구 사이를 갈라놓는다.
③ 벗에게 진실한 마음으로 충고하여 좋은 길로 이끌라. 허나 벗이 듣지 않으려 한다면 충고를 그만두어 스스로 욕되지 않게 하라.

---

1. 위에 나온 세 가지 문장의 출처를 아는 대로 쓰시오.

2. 〈보기〉의 글을 읽고 친구와 허물에 관하여 예상되는 결론을 쓰시오.

광일이는 1번의 답으로 "① 상식, ② 성경, ③ 논어"라고 쓰고, 2번의 답으로 "친구의 잘못이나 허물은 가능하면 덮어 주라는 말이다"라고 썼어요. 올해 고등학교 3학년이 된 아들 녀석에게 네 생각은 어떠냐고 물었더니 역시 광일이가 쓴 답이 정답일 것 같다고 대답하네요.

과연 친구의 허물은 덮어 주어야만 할까요? 이 문제와 관련한 공자의 일화가 있어요. 어느 날 진사패가 공자에게 물었어요.

"노나라에 소공이라는 사람이 있다는데 그분은 도대체 예라는 걸 아는 분인가요?"

"그럼, 알다마다. 예를 잘 아는 사람이지."

나중에 공자의 제자 무마기를 만난 진사패는 말했어요.

"제가 알기로 군자는 무리를 지어 편을 들지 않는다고 하더군요. 그런데 당신의 스승인 공자 같은 사람도 같은 편을 드는 건가요? 소공이라는 사람은 법도에 어긋나게 아내를 맞이하고, 그 사실을 숨기기 위해 성을 바꿔 '오맹자'라는 이름으로 불리며 지낸다고 합니다. 만약 그런 소공이 예를 안다고 하면 세상에 예를 모르는 사람이 누가 있겠습니까?"

진사패는 무마기에게 그의 스승을 흉본 것이지요. 당황한 무마기는 공자에게 가서 즉시 일러바쳤어요. 그런데 무마기로부터 사건의 전말을 전해 들은 공자는 이렇게 말했대요.

"아, 나는 정말 행복한 사람이구나. 잘못이 있으면 다른 이가 말을 해주니 말이다."

공자가 인류의 성인으로 추앙받는 이유는 바로 이 마지막 말에 잘 드러나 있는 것 같아요. 자신에 대한 비판과 지적을 두려워하지 않는 포용성, 그리고 자신을 향해 비수처럼 달려드는 화살을 도리어 자신의 성장을 위한 도약의 발판으로 삼는 개방성. 자신을 비난하는 말에 이처럼 의연하고 능동적으로 대처할 줄 아는 사람이 얼마나 될까요?

광일이는 백 점을 받았어요. 친구라면 허물을 덮어 줘야 한다는 ①번 문장은 말 그대로 어디서나 흔한 상식적인 말이었고, ②번 문장은 『성경』의 잠언에 나오는 구절, ③번 문장은 『논어』 제12편인 「안연」편에 나오는 글이었으니까요. 게다가 문제의 〈보기〉가 편향된 내용이기는 하지만, 그 세 문장으로만 친구와 허물의 관계를 정리해 본다면 '덮어라'가 당연히 정확한 답, 정답입니다.

여기서 두 개의 입장, 즉 '친구의 허물을 덮어라'와 '잘못을 지적 (비판)해 줘서 행복하다'는 입장이 충돌할 수 있어요. 두 입장을 간단하게 정리하면 '비판하는 입장'과 '비판받는 입장'으로 정리할 수 있겠지요. 그리고 시험에서 백 점은 받았지만 실제 상황을 맞닥뜨린다면 현명한 선택을 하고 싶을 광일이의 입장도 있겠네요.

바른 세상이 되려면 많은 진사패들이 있어야 해요. 그런데 비판적인 진사패가 많아지면 갈등이 생기고, 그래서 갈등 관계를 부담스러워하는 쪽에서는 보통 '착하게 살라'는 말로 다독거리지요. 여기서 우스운 사실은 '착하다'라는 정말 좋은 말이 '남들이 하자는 대로, 설령 그것이 틀린 것 같아도 반대하지 말고 하라'라는 의미로 쉽게 왜곡되곤 한다는 사실이에요. 그러니까 반대로 내가 정의롭다고 생각하는 것, 나의 신념에 따라 사는 것은 착하지 못하다는 의미도 되는 거예요. "착하게 살긴 쉬워도 바르게 살기는 어렵다"라는 말이 이래서 생긴 모양이에요.

문익환 목사님을 다들 알고 있나요? 그분은 시인이자 종교인으로서 우리나라의 민주화를 위해 돌아가실 때까지 애를 많이 쓰셨어요. 생전에 이런 말씀을 하셨지요.

"허허, 착하게 사는 거 좋은 거지. 그런데 착하게 사는 거랑 올바르게 사는 거랑은 다른 것 같아. 남들이 하자는 대로, 그게 틀린 것 같아도 그저 반대하지 않고 살면 착하다는 말을 듣게 되지……."

어려웠던 시대의 일화이기도 하지만 이러한 논리는 아직도 우리 사회의 여러 관계 속에서 작동하고 있어요. 이 얘기와 직접 연관 있는 내 경험담도 소개하고 싶네요.

벌써 한 20년 되었어요. 십대 여러분보다는 못하지만 그래도 나름 풋풋하던 20대 후반의 어느 날, 친구가 한 말이 아직도 기억에 남아 있어요. 정말 선량한 친구였는데, 군대를 제대하고 와서 이런 말을 하더군요.

"나는 군대에 가서도 착하다는 말을 많이 들었어. 그냥 평범하게 지낼 뿐이었는데 왜 다들 착하다고 할까 생각해 보니 상대방이 싫어하는 말이나 행동을 하지 않았기 때문인 것 같아. 그 말은 결국 살아오면서 잘못된 것들과도 타협을 하면서 살아왔을 수도 있다는 것이겠지?"

당시 군대라는 일방적이고 강압적인 집단 속에서 고민도 많았겠지만, 시련의 기간을 겪으며 사고의 폭이 더욱 넓고 깊어진 친구의 진지한 표정이 지금도 생생해요. 바르게 산다는 것은 누가 보든 말든, 다른 사람이 원하든 원하지 않든 한결같이 올바르게 사는 거예요. 그렇기 때문에 때때로 갈등이나 대립이 발생하기도 하고요. 이때의 갈등이나 대립은 일시적으로는 분열로 가는 것처럼 보이지만, 결국은 사회 발전에 한 걸음 다가서고 민주적인 방식으로 나아갈 수 있는 순기능을 만들기도 해요. 도리어 이런 일시적 단계가 두려워 피하다가 돌이킬 수 없는 파국을 맞은 역사적 사례도 상당하지요.

제2차 세계대전의 전범 중 유태인을 아우슈비츠 가스실로 이송하는 일을 책임졌던 아돌프 아히이만이라는 장교의 이야기를 해볼게요. 전쟁이 끝난 후 재판장에 서게 된 이 사람은 예상과는 달리 순박한 중년 남자, 자상하고 상냥한 아버지, 사랑스러운 남편, 근면하고 성실한 직장인의 모습이었대요. 그는 재판 중에 이렇게 진술을 했다는군요.

"단지 위에서 시키는 대로 했을 뿐입니다. 저는 가족을 위해 일한 성실한 사람입니다. 유태인을 죽이라고 한 적은 한 번도 없었습니다. 죽이라는 명령을 따랐을 뿐입니다. 저도 유태인이 죽어가는 걸 보고 싶지 않았습니다."

이 사람은 교수대로 걸어가면서도 자신은 칸트의 도덕 정신에 따라 살았고 선량한 시민으로서 당시의 법을 준수했을 따름이라며 억울해했대요. 악법도 법이기 때문에 따라야 한다는 '법의 안정성'만을 지킨 것이지요. 그의 생각에는 법의 안정성에 휘말려 시대와 상황에 따라 인간을 살리는 '생명 존중'이라는 '법의 정의성'이 송두리째 빠져 버린 거예요. 아히이만의 비극적인 결말은 어디서부터 시작되었을까요?

친구의 허물을, 무조건 감싸는 게 의리 있는 걸까?

그리고 지금 이 시대, 대한민국의 많은 광일이들은 친구, 허물, 비판, 수용 등과 같은 피할 수 없는 명제들의 관계를 어떻게 정리해야 할까요?

　이러한 고민은 중국 명나라 때의 문인 홍자성이 쓴 『채근담』에서 해결의 실마리를 찾을 수 있을 것 같아요. 이 책에 이런 말이 나와요.

　"친구 간에 허물을 보았다면 마땅히 타이를 것이며 주저하거나 방임하지 말지니라."

　그래도 친구라고요? 그럼 "잘못은 잘못이야!"라고 망설임 없이 말할 수도 있지 않을까요?

　만일 이 책을 읽는 여러분이 친구의 잘못을 목격한 상황에 처했다면 친구를 위해 서슴없이 말할 수 있기를 빌어요. 물론 친구에 대한 깊은 애정을 품고 말이에요. 반대로 비판받는 입장에 서게 되었다면 그때엔 '잘못을 알게 되어 정말 행복하다'는 공자의 그 충만한 감정이 함께하기를 바랄게요. 비판과 수용이 편안하게 이루어지는 관계, 그게 바로 정말로 의미 있는 관계일 테니까요.

"아첨하는 친구를 사귀지 말고,
분별 있는 충고를 해주는 친구를 사귀어라."
소크라테스의 명언이에요.
당장은 비위가 상하겠지만
내 인생에 도움이 되는 충고를 해주는 친구가 있다면
그 친구와 평생을 함께하길 바랄게요.
물론 눈치 없이 아무 때나 내 잘못을 떠들어대는 친구 말고
나에 대한 진심이 느껴지는 친구라면 말이에요.

친구의 허물,
무조건
감싸는게
의리 있는
걸까?

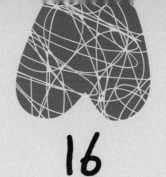

16

친구
사이에도
적정
거리가
필요해

「고래가 그랬어」라는 어린이 잡지가 있어요. 거기서 '아이를 살리는 7가지 약속'이라는 캠페인을 벌였어요. '지금 행복한 아이가 어른이 되어서도 행복합니다', '아이에게 가장 중요한 공부는 마음껏 놀기입니다', '하고 싶은 일을 하며 사는 게 성공입니다' 등등 부모로서 아이들을 키우며 무엇을 더 중요하게 여겨야 할지 약속을 받는 거예요. 자녀들의 입장에서는 부모님이 그런 약속을 하고 또 그대로 지켜 주면 좋겠지요. 공부를 열심히 하다가 잠시 쉬는 틈에 컴퓨터 게임을 하고 있는데, 지나가던 아빠가 "넌 뭐가 되려고 맨날 게임이냐?" 하고 한마디 던지면 갑자기 하던 공부도 그만두고 싶잖아요. 자녀가 토라지기라도 하면 부모는 늘 말해요.

"내가 널 얼마나 사랑하는데……."

"네가 잘되길 바라니까 잔소리도 하는 거야."

그러면 그 순간 울컥해서 이렇게 대들고 싶어질 때도 있어요.

"그런 사랑 받기 싫어요. 간섭만 하지 말고 저 좀 존중해 주세요."

겉으로 말은 못 하지만 말이에요.

부모님은 늘 사랑하기 때문에 간섭한다고 해요. 어떤 때에는 하루 종일 감시당하는 듯해서 속상하지만 그분들의 속마음을 이해하면 그걸 사랑이라 여겨요. 근데 그런 일이 친구와 일어났다고 생각해 보면 어떨까요?

　교실에서 잠시 눈을 붙이고 있는 친구에게 한 친구가 지나가면서 툭 던져요.

　"쯧쯧, 너는 어쩌려고 잠만 자냐? 4당 5락 몰라? 4시간 자면 대학 가고 5시간 자면 떨어져. 정신 차려, 인마!"

　친구는 생각해서 하는 말일 텐데 들을 땐 자존심이 팍 상해요. 게다가 그 친구가 한두 번만 말하고 마는 게 아니라 졸졸 쫓아다니며 계속 되풀이한다면 어떨까요?

　"난 사랑으로 너에게 충고한 거야. 너 잘되길 바라는 친구가 몇 명이나 되겠어. 나니까 이러지."

　그 친구의 말이 귀에 잘 들어올까요? 그렇게 들리지 않는다면 어떤 이유 때문일까요? 귀에 거슬리지만 사랑으로 들리는 경우도 있고, 어떤 때에는 나를 무시하는 말로 들리기도 해요.

　친구 사이에서도 적당한 거리가 필요해요. 어디까지가 우정이고 어디까지가 간섭인지 가려내기가 쉽지 않아요. 성경에서는 "친구

친구
사이에도
적정
거리가
필요해

가 오 리를 가자고 하면 십 리를 가 주어라"라고 해요. 둘이 사랑하는 감정의 주파수가 맞으면 오 리를 가든, 십 리를 가든 사랑에 보탬이 될 거예요. 하지만 친구가 "오늘은 나 혼자 걷고 싶어"라고 말할 때 "아냐, 너 너무 쓸쓸해 보여. 내가 옆에 있어 줄게"라고 해야 할지, "그래, 너 혼자 걷는 시간도 필요하겠지. 잘 가!"라고 해야 할지 판단하기란 무척 어려워요.

더구나 "친구 따라 강남 간다"라는 속담은 줏대 없는 행동을 말해요. 친구가 아무리 소중해도 자신의 중심이 없으면 안 되겠지요. 우정을 넘어 삶에 대해서도 생각해 보도록 하는 소설이 있어요. 헤르만 헤세가 쓴 『데미안』이에요.

에밀 싱클레어라는 주인공을 구원에 이르도록 이끄는 데미안이라는 친구가 나와요. 싱클레어는 어린 시절 프란츠 크로머라는 친구에게 시달려요. 약점을 잡혀 돈을 뜯기고 그 돈을 마련하기 위해 도둑질도 하게 되지요. 싱클레어가 악한 친구에게 사로잡혀 있을 때 데미안이 나타나 선의 세계로 안내하면서 스스로 악을 떨쳐 나가게 해요. 중요한 건 적절하게 도움을 주되 스스로 할 수 있도록 한다는 거예요. 데미안이 싱클레어에게 보낸 편지 내용 중에 아주 멋진 구절이 있어요.

"새는 알에서 빠져 나오려고 몸부림친다. 알은 세계다. 태어나려는 자는 누구든 한 개의 세계를 부숴야 한다."

자기 세계를 깨고 나와야 세상이 제대로 보인다고 해석해 보면 어떨까요? 어디엔가 갇히지 않으면서 살 수 있어야 비로소 인생이라고 할 수 있을 거예요.

이번에는 시를 한번 들여다볼게요.

함께 있되 거리를 두라

그래서 하늘 바람이 너희 사이에서 춤추게 하라

이 시는 레바논의 시인 칼릴 지브란이 쓴 '결혼에 대하여'의 한 구절이에요. '결혼에 대하여'는 결혼식 주례사로도 많이 쓰여요. 남녀가 사랑을 해서 결혼을 했는데도 싸우기도 하고 심지어 헤어지기도 하잖아요. 왜 그럴까 생각해 보면 사랑을 핑계로 서로 간섭하고 집착하는 경우가 많아요. 그래서 인생 경험이 풍부한 주례 선생님들이 결혼식장에서 이 시를 들려주지요. 이런 구절도 있어요.

함께 노래하고 춤추며 즐거워하되

서로는 혼자 있게 하라

마치 현악기의 줄들이 하나의 음악을 울릴지라도 줄은 서로 혼자이듯이

친구 사이에도 적정 거리가 필요해

옛 표현에는 '불가근불가원(不可近不可遠)'이란 말이 있어요. '너무 가까이해서도 안 되고, 너무 멀리해서도 안 된다'라는 말인데, 인간관계를 잘 맺는 방법으로 자주 인용되고 있어요. 좋은 풍경을 감상할 때에도 멀리서도 보고 가까이에서도 봐야 진면목을 알 수 있어요. 친구도 가까이에서 바라보기도 하고 떨어져서 바라보기도 할 수 있어야 해요. 숲을 사랑하면 나무도 사랑하지 않을 수 없듯, 거리를 두고 본다고 해서 친구 사이가 멀어지는 건 아니에요.

〈봄날은 간다〉라는 영화 포스터에 이런 문구가 있었어요.
"사랑이 이만큼 다가왔다고 느끼는 순간, 봄날은 간다."
문구 자체부터 수상하지요? 이 영화에서 사랑에 몸이 달아 있던 상우(유지태 분)가 자신을 멀리하는 은수(이영애 분)에게 "사랑이 어떻게 변하니?"라고 말해요. 관객들은 상우의 모습에 안타까워하면서도 은수의 태도에도 고개를 끄덕이게 돼요. 사랑이란 한쪽이 놓지 않는다고 이뤄지는 게 아니고 둘이 함께 만들어 가야 한다는 걸 알기 때문이에요.

영화 속에서 상우는 사랑이 변하지 않는다고 여기지만 은수는 변하지 않으면 사랑이 아니라고 말하는 듯해요. 서로의 감정에 맞춰 서로가 변하려 애쓸 때, 마치 나무가 새순을 틔우고 무성해졌다가 낙엽이 되어 떨어지듯 서로가 그렇게 변해 갈 때 봄날은 여름날이 되고 가을날이 되겠지요? 상대방은 여름으로 가고 있는데 나만 봄날에 머물겠다면 사랑은 지속되지 않을 거예요. 그래서 사랑의 봄날을 유지하려면 서로가 서로에게 관심을 기울여 보조를 맞춰 가야 해요. '2인 3각' 게임처럼 상대방을 보면서 자신의 호흡을 가다듬어야 하지요.

독일의 철학자 쇼펜하우어가 쓴 재밌는 우화가 있어요. 원래는 '호저'라는 동물이 등장하는데, '고슴도치 우화'라고도 알려져 있어요. 고슴도치 둘이 서로 친하게 지내요. 겨울이 와서 추워지니 몸을 가까이 붙여 온기를 나누어야 했지요. 근데 가까워질수록 몸에 난 가시가 상대방을 찔러 아프게 했어요. 그래서 고슴도치들에겐 딜레마가 생겨요. 가까이 가야 추위를 피할 수 있는데 그럴수록 가시에 찔려 고통을 겪어야 하는 상황이 돼 버린 거예요. 가시에 찔리기 싫어서 서로 멀리하면 너무나 춥고, 추위를 견디지 못해 서로 가까이 붙으면 서로의 가시에 찔려 아팠어요. '추위냐 가시냐, 그것이 문제로다' 하는 고민을 되풀이하면서 마침내 두 고슴도치는 서로에게 적당한 거리를 찾아낸다는 이야기예요.

고슴도치가 아픈 경험을 통해 자신들만의 관계 방식을 찾아내듯, 우리는 친구들과 끊임없이 갈등하며 성숙해져요. 갈등이나 아품을 겪지 않고는 사랑하는 방법을 익힐 수 없어요. 서로가 서로를 찌를 때 회피하지만 말고 둘 사이의 가장 적당한 거리를 찾아낼 수 있다면, 집착을 넘어 성숙한 관계에 도달할 수 있을 거예요. 임병구샘

"사랑의 가장 확실한 방법은 함께 걸어가는 것이다."
성공회대 신영복 교수님이 말씀하셨어요.
친구만 바라보지 않고 세상을 넓게 보고
그 속에서 함께 무엇을 할 것인지를 찾을 때
서로가 더 행복해질 거예요.

친구
사이에도
적정
거리가
필요해

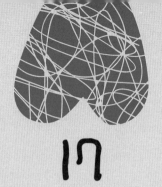

17

유명
브랜드
때문에
마음이
울고
웃는다

고등학교 2학년이 된 진규에게 엄마는 공부 열심히 하라며 진규가 그동안 갖고 싶어 했던 유명 브랜드 운동화를 사 주었어요. 유명 로고가 박힌 패딩 점퍼와 운동화는 이미 많은 친구들 사이에서 어엿한 '등교 패션'이 되었어요. 진규는 너무나 기분이 좋아서 그 운동화를 애지중지했어요. 그런데 교실 앞 신발장에 운동화를 놓아 둘 때마다 자신의 운동화와 비슷한 신발들이 너무 많은 것을 보게 되었어요. 조금은 김이 샜지만 왠지 뿌듯했지요.

진규가 교실에 들어가려는데 상철이가 다가와 자신의 생일 파티에 초대하겠대요. 상철이와 상철이의 친구들과는 그동안 가까워질 기회가 별로 없었어요. 그 친구들은 다른 동네의 이름난 아파트에 살고 있었고, 진규는 좁은 골목 사이에 있는 빌라의 반지층에 살아요. 그 친구들은 진규가 새 운동화를 신고 다니게 된 후부터 진규에게 말을 걸어왔어요. 상철이의 생일 초대로 진규는 고민이 생겼어요. 도대체 무얼 선물해야 할지, 선물을 하면 어떤 브랜드로 사 주어야 할지……. 브랜드 제품은 가격이 비싸서 진규에겐 너무나 부담이 됐으니까요. 브랜드 없는 선물을 했다가는 상철이와 상철이의 친구들이 자신의 선물을 보고 비웃을까 봐 걱정이 되었어요.

사실 진규는 다른 친구들처럼 유명 브랜드 옷과 신발, 최신 스마트폰을 마음껏 살 형편이 못 되었어요. 갖고 다니는 휴대폰도 스마트폰이 아니라서 친구들과 메신저로 대화할 수도 없어요. 진규는 다른 친구들의 부모님처럼 쾌적한 아파트에서 여유롭게 살지 못하는 아빠와 엄마가 밉기도 했어요. 집에서 이런저런 생각을 하던 진규는 애꿏은 방문을 걷어차며 밖으로 나왔지요.

좋은 것이 비싼 것일까요, 비싼 것이 좋은 것일까요? 요즘은 비싼 게 좋은 것이 되어 버렸어요. 브랜드 제품은 그 이름값에 어울리게 품질이 좋고 애프터서비스도 좋은 반면, '짝퉁'은 품질 등 여러 면에서 현격하게 떨어지지요. 누가 어떤 옷을 입는지, 어떤 스마트폰을 쓰는지, 어떤 신발을 신는지에 대해서 친구들끼리 은연중에 비교와 경쟁을 하기도 해요. 서로의 물건을 비교하기도 하고 자랑하기도 하고요. 이런 과정을 거치면서 친구들 간에 그룹이 형성되기도 해요.

브랜드란 상품이나 단체의 이름을 널리 알리기 위해 나타낸 상징표라 할 수 있어요. '국가 브랜드를 높여야 한다', '회사의 품질을

유명
브랜드
때문에
마음이 울고
웃는다

나타내고 신용할 수 있는 브랜드를 개발해야 한다', '브랜드 개발에
회사의 사활이 달렸다'라는 식의 말을 많이 들어보았을 거예요. 소
비자는 글자나 숫자, 그림 등으로 상징되는 브랜드를 통해 제품의
구매 여부를 결정해요. 그리고 브랜드는 문화적 파급력까지 갖추
어 그 브랜드 상품을 가진 사람과 갖지 못한 사람으로 구분되기도
해요. 이때 사람들은 브랜드를 통해 유유상종해요. 어떤 물건, 상
품을 소비한다는 것은 그 상품을 사용하는 사람들 간의 상호 소통
으로 나타나요. 이것은 그들 간의 상호적 의미작용으로 작동하면
서 어떤 물건을 소유하고 소비하는 행위는 특정 상품에 대한 욕구
가 아닌 '차이'에 대한 욕구로 변하지요.

친구 간의 상호 비교를 통해서 브랜드 제품을 갖고 있는 친구와
그렇지 못한 친구로 구분되면서 한쪽에 상대적 빈곤감이 생기고
의사소통이 어려워질 때도 있어요. 지금의 우리나라에서는 굶어
죽는 일이나 얼어 죽는 일이 흔치 않지만 많은 사람들이 자신의 넉
넉지 못한 주머니 사정 때문에 불안과 불만을 가득 품고 살아가고
있어요. 경쟁 아닌 경쟁을 하면서 스스로를 가난과 궁핍으로 몰아
가는 게 현대인의 숙명이기도 해요. 그래서 심하면 타인과의 거리
감을 형성하고 나 혼자만 외롭고 슬프다는 소외감에 빠져 스스로
를 '자따'시키기도 하고요. 이러한 현상은 자신에 대한 배려가 부족

해서이기도 하고, 서로의 외모와 겉모양만을 비교하기 때문이기도
해요. 그래서 유명 브랜드 상품을 가진 사람의 당당함과 그것을 가
지지 못한 사람의 초라함이 부딪히곤 하지요.

하지만 이 모든 것은 자본주의 사회에서 끊임없이 비교 경쟁하
는 기성세대의 습관과 기업의 판매 전략에서 비롯된 문제일 뿐일
지도 몰라요. 사실 십대 친구들과 이야기해 보면, 이런 일들은 별
로 문제가 되지 않아요. 성적만큼이나 친구 관계가 중요한 열일곱
살의 진규와 상철이에겐 어른들의 기준으로 볼 수 없는 그들만의
언어가 있거든요.

문을 발로 걷어차고 나와 동네 놀이터에서 그네를 타던 진규는
상철이에게 전화를 했어요.

"상철아! 너 이번 생일날 어떤 선물이 필요하니? 내가 선물해 줄
수 있는 것이면 해주고 싶어."

"무슨 소리냐? 친구라면서 너 왜 그래? 날 친구로 생각하지 않는
거야? 그냥 와! 너 노래 잘하지? 노래방도 갈 거야. 걱정하지 말고
그냥 와. 우리 친구잖아."

인기 있는 브랜드 제품을 착용하고 학교에 가고 싶은 마음은 누
구에게나 있을 거예요. 문제는 십대들 사이에서 인기가 있는 브랜

드 상품들이 꽤 비싸다는 점이에요. 그래서 돈 없는 학생들은 인터넷에서 '짝퉁'을 사기도 한대요.

상표가 있는 제품과 없는 제품은 품질이 다를 수 있지만, 친구를 그런 기준으로 나누어 바라본다면 양쪽 모두에게 참으로 불행한 일이 아닐 수 없어요. 파카 한 벌은 길어야 5, 6년 입지만 좋은 친구는 평생 함께할 수 있잖아요. 자, 이제 눈을 한번 크게 떠 봐요. 거창한 브랜드의 빛에 가려 잘 드러나지 않은 친구의 또 다른 가치와 매력이 보일 테니까요.

"가난은 죄가 아니다. 다만 불편할 뿐이다."

러시아의 작가 톨스토이의 말이에요.

입고 싶은 거 못 입고, 먹고 싶은 거 못 먹는 것은

그저 불편할 뿐이지 창피한 일은 아니에요.

사실 이 세상에는 부자보다 가난한 사람들이 더 많아요.

그리고 여러분은 충분히 젊잖아요.

물질을 기준으로 사람을 바라보기에는

너무나 찬란한 나날들을 보내고 있어요.

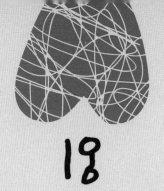

18

나의
품격은
타인의
인격을
지켜 주는
만큼!

누구나 살아가면서 차별이나 무시를 당해 보지 않은 사람은 없을 거예요. 키가 작다고, 공부를 못한다고, 못생겼다고, 아이라고, 가난하다고, 여자라고…… 여러 가지 이유로 무시당하고 차별당하지요. 최근 다문화 가정이 많아지면서 인종에 따른 차별도 심해지고 있어요.

승민이는 키도 작고 공부도 그리 잘하지 못해요. 친구들과도 쉽게 어울리지 못하고 혼자 있을 때가 많아요. 그래서인지 승민이와는 아무도 짝을 하지 않으려 하고 모둠 활동을 할 때에도 끼워 주지 않아요. 어떤 아이들은 지나가다가 툭 건드리고는 오히려 "야! 왜 때려?" 하면서 승민이를 쥐어박거나, 승민이가 뭔가에 대해 안다고 말하면 "네가 그걸 어떻게 알아? 가 봤어?"라며 무시해요. 언젠가는 휴대폰을 뺏더니 "야, 이거 왜 이렇게 구리냐? 그런 건 공짜로도 안 준다야. 이거 통화는 되냐?" 하고 비웃더니 던져서 박살을 내 버렸어요. 그래도 아무 말도 못 하는 승민이에게 아이들은 매점에 '빵 셔틀'도 시키곤 했지요.

승민이는 아이들이 괴롭히는 걸 참기 어려웠어요. 마침내 며칠

학교에 나오지 않았어요. 계속 학교에 가지 않겠다고 버티자 승민이의 부모님이 학교에 찾아오셨어요. 일이 커지고, 담임선생님은 승민이를 왕따시키며 놀린 사람 나오라고 했어요. 앞으로 나온 아이들에게 선생님이 왜 그랬냐고 묻자, 같은 반 형우는 '장난이었다'고 대답했어요. '학급짱' 민호도 '별 생각 없이', '그냥 재수 없어서' 그랬다고 하네요. 다들 그러지 않느냐면서요. 이렇게 승민이를 괴롭힌 반 아이들은 서로 킬킬거리면서 죄책감도 느끼지 못했어요.

다른 사람을 이기고 내가 우위에 서야 살아남는 치열한 경쟁 사회가 되면, 사람들은 우울해지고 점점 사람의 품격을 잃게 된다고 해요. 학교도 마찬가지로 작은 사회예요. 그런데 지독한 경쟁이 일어나는 작은 사회가 되어 가고 있나 봐요. 내가 인정받지 못하면 뭔가 무시당할 것 같은 위기감이 들고 불안해져 다른 사람을 배려하거나 생각할 여유가 없어지게 돼요.

다른 사람을 무시하는 게 자연스러워지고, 나보다 못한 사람을 함부로 대해도 괜찮다고 여기면서 자신도 모르게 점점 더 잔인해져요. 조금만 생각하면 그런 행동들이 참으로 잘못되었다는 것을 사실은 알고 있으면서도 마음속에 있는 말을 쉽게 외면하고, 또 그러다 보면 아무렇지도 않게 돼요. 승민이를 괴롭히던 친구들도 처

나의
품격은
타인의
인격을
지켜 주는
만큼!

음엔 조금은 망설였거나 양심에 찔려 멈칫한 적이 있었을 거예요. 하지만 몇 번 괴롭히다 보니 그것은 '장난'이었고, '아무 생각 없이 한 일'이라고 생각하게 되었을 거예요. 하지만 아무 생각 없이 한 일에 승민이는 커다란 상처를 입었어요. 승민이를 괴롭힌 친구들은 한 사람에게 상처와 좌절을 안겨 주며 폭력을 가한 사람이 되고 말았고요.

우리는 인간이기 때문에 인간으로 대우받을 권리를 갖고 있어요. 인간의 존엄성 때문이에요. 인간이 존엄하다는 것은 인격을 갖고 있다는 말이에요. 그래서 '한 인간이 다른 인간을 무시해도 되는가?', '누군가가 한 사람의 사생활을 간섭하거나 침범해도 되는가?', 더 나아가 '잘못을 했다고 해서 국가가 그 사람의 목숨을 빼앗을 수 있는가? 즉 사형은 허용될 수 있는 법 제도인가?' 등등의 질문은 인간의 존엄성 혹은 인격을 어떻게 대할 것인가 하는 문제에서 출발하지요.

인격은 도덕적 행위의 주체로서 갖추고 있는 사회적 인간으로서의 품격이나 자격이라 할 수 있어요. 어떤 사람이 사람답지 못한 행동을 하거나 품위를 상실하면 주변 사람들은 그 사람의 인격을 의심스러워하며 비난해요. 반대로 고매한 인격을 갖춘 사람을 존경하지요. 인격은 말 그대로 '사람으로서의 품격'이고, '인간성'이란 말로 통용되기도 해요. 하지만 인간성이 언제나 발휘되는 것은 아니에요. 정말로 어렵고 혹독한 상황 속에서도 겸손하고 지혜롭게 살 수 있는 사람이 되기란 어려운 일이에요. 그래서 진정한 인간성은 어려울 때 알 수 있다고 하나 봐요.

덴마크 영화 〈인 어 베러 월드(In A Better World)〉 이야기를 해볼게요. 등장인물 중에 엘리아스라는 아이가 있는데, 그 아이의 아버지는 아프리카를 오가며 의료 봉사를 하는 사람이에요. 마을 사람들을 도와서 어려운 사람들을 치료해 주기도 하고요. 어느 날 엘리아스의 아버지 안톤에게 아프리카에서 난민들을 죽이고 괴롭혀 온 반군의 우두머리가 실려 왔어요. 마을 사람들은 치료해 주면 안 된다고 했지만 의사인 안톤은 죽어가는 그를 치료해 주고 살려 주었어요. 하지만 반군의 우두머리는 고마워하기는커녕 오히려 의심의 눈초리로 볼 뿐이었어요. 마을 사람들 역시 적을 살린 아버지에게 분노하게 되지요.

안톤이 처한 상황에서 진정한 인간애를 발휘하는 일은 정말 어려워요. 이 영화를 보면 인격을 갖춘다는 것이 어떤 것인지, 그리고 사람이 사람을 어떻게 대해야 하는지, 진정한 인간애가 무엇인지 고민해 보게 돼요.

또 다른 이야기를 하나 소개할게요. 유태인 출신의 정신분석학자

나의
품격은
타인의
인격을
지켜 주는
만큼!

빅터 프랭클이 쓴 『죽음의 수용소에서』를 읽어 본 적 있나요? 2차 세계대전 당시 죽음의 수용소 '아우슈비츠'에서 살아남은 작가가 당시 실제로 겪었던 일을 바탕으로 쓴 책이에요. 오늘이나 내일 그저 죽음만 기다리게 되는 아우슈비츠, 오직 생존만이 인간임을 증명하는 그 처절한 곳에서 인간의 본성은 과연 얼마큼 바닥으로 가라앉게 되었을까요? 멀쩡한 우리 일상에서도 서로 빼앗고 경쟁하고 괴롭히는 일이 다반사인데 말이에요.

그런데 바로 이곳에서도 자신의 빵을 남겨 다른 사람을 살리고 걱정하는 사람들이 있었대요. 언제 죽을지 모르고, 빼앗지 않으면 굶어죽게 되는 참혹한 생존의 공간에서 그 사람들은 '자기 배를 채울 작은 빵'이 아니라 '누군가의 생명'을 선택했어요. 그런 선택을 하는 것은 쉽진 않지만, 누구도 간섭하거나 비난할 수 없는 인격을 갖는 것은 바로 자신의 자유의지일 거예요. 자유의지가 인간을 향한 것이 될 때 바로 인간애가 나오는 거겠지요. 인간이 위대하고 귀한 이유도 바로 다른 인간을 존중할 줄 알기 때문이 아닐까요?

자신의 인격은 자기 자신이 만들어 가는 거예요. 만만하다고 어떤 친구를 쉽게 무시하거나 함부로 대하면서 정신적으로나 신체적으로 피해를 주는 행동은 모두 폭력이에요. 그리고 내 마음에 안 든다고 누군가를 쉽게 무시하는 것은 어쩌면 내가 지닌 인간의 가치를 나 스스로 훼손하고 있는 것과 같아요. 자신의 인격이 소중하다는 것을 아는 사람이라면, 주위 사람들의 인격 또한 소중하다는 것을 잘 알 거예요.

이정숙샘

나의 품격은 타인의 인격을 지켜 주는 만큼!

"네가 왕과 동행할 때 마음이 흔들리지 않고
거지와 있을 때 그를 업신여기지 않으면
너는 인격자다."
고대 로마 때 문인이면서
정치인으로 활약한 키케로의 말입니다.
여러분은 인격자인가요?

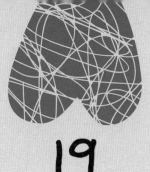

19

폭력, 언젠가 내가 마주칠 수도 있는

몇 해 전에 친구들에게 지나치게 자주 폭력을 행사해 온 한 학생을 알게 되었어요. 선생님들과 대화를 한 후 그 학생은 상담 선생님에게 지속적으로 상담을 받았어요. 상담실에서 심리 검사와 여러 차례 상담을 하고 나서 회의를 통해 그 학생을 어떻게 지도할 것인지에 대해 논의하게 되었어요. 그 학생이 어렸을 때 우리나라는 IMF로 경제 상황이 좋지 않았던 때였어요. 그래서 부모님은 그 학생을 집에 혼자 두고 직장을 다녔다고 해요. 사춘기에 접어들고 중학생이 되었을 때부터 그 학생은 다른 학생들에게 폭력을 행사하고 부모에게 반항하는 일이 잦아졌어요. 부모님도 어떻게 할 수 없어지고 학교에서도 너무 골치 아픈 존재가 되었지요.

심리 검사 결과, 그 학생은 세상을 인식하는 방식이 보통 사람들과 다르다고 하더군요. 집에 방치되어 있었을 때 배가 고파서 동네 슈퍼마켓에 가서 물건을 훔쳐 먹기도 했는데, 그때 훔치려는 유혹을 참는 것보다 배부름에서 오는 만족이 훨씬 컸기 때문에 죄책감 없이 물건을 훔치게 된 것이라고 해요. 물건을 훔치다가 가게 주인에게 걸려서 혼이 난 후에는 자기보다 어린 학생들을 협박해서 빼앗은 돈으로 배를 채우면서 폭력의 길로 들어서게 되었고요.

본격적으로 비행을 저지르기 시작하면서 부모님이 전보다 관심을 가져 주니까 오히려 비행을 더 저지르게 되었대요. 불량한 행동을 하지 않을 때에는 부모님의 관심을 받지 못했는데, 비행을 저지르고 나면 부모님이 관심을 갖고 대화를 하려고 했대요. 그래서 부모님의 관심을 끌기 위해 계속 비행을 저지르게 되었다는군요.

비록 흔하진 않지만 폭력을 행사하는 십대들 중에는 가정이나 학교에서 관심을 받지 못한 사람이 많다고 해요. 폭력을 행사하고 친구들을 괴롭히면서 주변의 관심을 끌고 자기가 남보다 우월하다는 생각을 하곤 하지요. 그 관심이 좋은 것이든 나쁜 것이든 상관없이 말이에요.

폭력이 일어나는 중요한 요인 중 하나는 '방관자'라고 해요. 옆에 방관자가 없는 경우에는 폭력을 행사하는 일이 적고, 폭력을 행사한다고 할지라도 강도가 그렇게 세시는 않아요. 누군가 옆에서 폭력 장면을 보고 있으면 당사자는 관심을 받는다고 느끼고 좀 더 과시하고 싶어진다는 말이지요.

실제로 폭력을 행사하는 학생들에게 그 이유를 물어보면 '그냥 재미있어서' 한다고 대답해요. 옆에서 다른 친구가 보면서 같이 웃어 주거나 가해 학생인 자신을 인정해 주면 점점 더 죄책감 없이 폭력을 행사하게 되는 거예요. 맞는 학생은 때리는 학생보다 옆에서 재미있어 하는 방관자들 때문에 더 속상한 경우가 많아요. 때리는 학생과 주위의 모든 학생들이 다 함께 재미있어 하는 상황 속에서 맞는 학생이 느끼는 고립감은 너무도 클 거예요.

맞는 학생은 세상에 자기를 지켜 줄 수 있는 사람은 아무도 없다는 고립감과 더불어 자기는 아무 가치도 없는 존재라고 느끼면서 자존감이 낮아지고 극도의 우울함을 느낄 수 있어요. 그 우울함이 심해지면 자살하는 경우도 있고요. 타인으로부터 매 맞고 놀림당하면서 열등감을 느끼고, 누구도 믿을 수 없다는 생각에 주변 사람들과 관계를 맺는 일을 어려워해요.

폭력의 피해자가 가해자가 되는 경우도 있어요. 폭력 속에서 얻은 분노를 조절하지 못하고 충동을 억제하지 못하는 성격으로 변해서 자기 뜻대로 되지 않는 상황이 생겼을 때 남에게 폭력을 행사하게 되곤 해요. 특히 가정폭력에 지속적으로 노출되었거나 성폭력을 당한 사람들이 분노를 조절하지 못하는 경우가 많다고 해요. 결국 피해 학생은 성격이 변하거나 가해 학생으로부터 폭력성을 학습함으로써 가해 학생과 똑같은 길을 걸어가며 가슴 아픈 경험을 할 수 있어요.

폭력이 나쁘다는 사실은 몇 가지 예외적인 사람 말고는 누구나 알고 있어요. 그 예외적인 사람은 타인의 고통에 대해 공감하지 못하는 사람이에요. 폭력을 당하는 사람이 고통스러울 거라는 생각을 하지 못하지요. 흔히 자라면서 가족이나 친구들과 소통하면서 감정을 교류하지 않은 사람은 타인의 고통에 잘 공감하지 못하는 편이에요. 심하면 사이코패스와 같은 상태에까지 이를 수도 있어요. 분노나 충동을 조절하지 못하는 사람 또한 겉으로는 자신의 폭력에 대해 죄책감을 느끼기가 어렵다고 해요. 속으로는 나쁘다는 것을 알지만 자기를 화나게 한 피해자가 더 나쁘다는 식으로 폭력을 합리화해요.

하지만 이러한 예외적인 경우를 제외하고는 많은 가해 학생들이 자신이 저지른 일에 대해 반성해요. 가해 학생들을 모아 놓은 자리에서 피해 학생의 인터뷰 영상을 틀어 놓고 토론하는 시간을 몇 차례 만들어 주었어요. 가해 학생들은 자신이 피해 학생에게 얼마나 큰 고통과 좌절감을 느끼게 했는지를 깨달을 수 있었어요.

방관자들의 역할도 중요해요. 가해 학생이 피해 학생의 고통을 깨달을 수 있도록 방관자들이 곁에서 막아 준다면 폭력은 줄어들

거라고 전문가들은 말해요. 용기를 내는 방관자들이 많을수록 세상은 좀 더 밝아지겠지요. 물론 앞서 말한 것처럼 가해 학생의 성장 배경이나 성격 등 친구들이 도와줄 수 없는 경우가 많긴 해요. 하지만 선생님이나 전문가들과 함께 가해 학생이 스스로를 치유하면서 인생의 문제를 풀어 나가도록 하면 폭력 없는 세상에 한 걸음 다가설 수 있을 거예요.

폭력과 맞서는 일은 참으로 어려워요.

맞으면 몸이 아픈 건 물론이고 정신적으로는 굴욕감이 들어요.

사람의 신체를 함부로 상하게 할 권리는 누구에게도 없어요.

내 몸처럼 남의 몸도 소중하다는 생각을 가져야 해요.

그리고 어렵겠지만 폭력이 벌어지는 상황에서

방관자가 되지 않겠다는

용기를 기르면 좋겠어요.

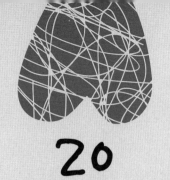

20

누군가를
내가
평가
한다는
것

정호승 시인의 『내 인생에 힘이 되어 준 한마디』의 한 구절입니다.

"꽃들은 남을 부러워하지 않습니다. 제비꽃은 결코 진달래를 부러워하지 않고, 진달래는 결코 장미를 부러워하지 않습니다. 있는 그대로 자신을 한껏 꽃 피우다가 떠날 시간이 되면 아무 말 없이 떠나갑니다. 어떤 꽃을 보고 '예쁘다, 예쁘지 않다'고 평가하는 이들은 꽃들이 아닙니다. 바로 인간들입니다. 인간들이 인간의 잣대로 자기중심적인 평가를 한 것일 뿐입니다. 벌레들을 보고 해충이니 익충이니 구분하는 것과 마찬가지입니다."

그렇다면 우리 인간은 왜 평가하기를 좋아할까요?

그 심리는 다른 사람보다 조금이라도 우위에 서고 싶은 마음이 바탕이 되고 있어요. 십대 때에는 입시 경쟁 속에서, 대학생이 되면 취직 경쟁 때문에 항상 우월성을 확보하려는 마음이 자동반사로 나타나기도 해요. 경쟁의 패러다임에서 십대를 관통하는 심리는 불안이에요. 사춘기를 지나면서 '나만의 나'를 지키고 싶지만 그럴 수 없는 무력감과 주변의 통제에 대한 거부감으로 고슴도치처럼 평가와 비판의 가시를 돋우고 있는 것은 아닌가요? 즐거움을 느끼며 더 만끽해도 좋을 시간에 더 좋은 평가를 받기를 기대하며 만족을 모르고 자신을 계속 채찍질하는 것은 아닌가요?

요즘 미디어에서 힘, 재력, 젊음, 아름다움을 많이 소유한 사람이 더 가치 있다고 여겨지는 경우가 종종 있어요. 외모, 경제적 지위, 성, 나이, 인기, 성적 등의 외부적인 요소와 사람의 본질적 가치를 분리하는 일은 점점 어려워지고 있어요. 외적인 기준에 의해서 우리는 자신의 가치를 다르게 경험하기도 하고요. 하지만 사람의 본질적 가치가 변하는 건 아니에요. 좋든 나쁘든 외부적인 요소들이 사람을 평가할 때 중요한 기준이 되진 않아요.

그래도 이렇게 의문을 품을지도 모르겠어요.

'내가 남들에게 좋은 평가를 받지 못하거나, 혹은 나 스스로 너무나 가치 없다고 여기면 어떻게 내가 가치 있는 사람이라고 할 수 있을까?'

내적 가치와 외적으로 보이는 것을 분리하기가 힘든 거예요. 그렇다면 아직 많은 것을 성취하지 못한 어린아이를 생각해 볼까요? 어째서 아이는 부모에게 그리도 소중한 존재일까요? 그것은 부모가 자신들의 아이를 소중히 여기기로 했기 때문이에요. 그리고 모

누군가를
내가
평가
한다는
것

든 아이에게는 타고난 능력이 있기 때문이지요. 아무런 경험도 없지만 아이에게는 사랑하고, 웃고, 인내하고, 노력하고, 또 발전할 수 있는 무한한 잠재 능력이 있으니까요. 우리도 자신과 주변 사람들의 본질적 가치와 능력을 소중히 여길 수 있어야 해요.

각자 얼마 살지 않은 인생을 되돌아보면 크든 작든 다른 사람의 행복을 위해 도움을 준 일이 많이 있을 거예요. 처음 "엄마"라고 말하며 부모님에게 행복을 안겨 준 일도 있고, 학교에 들어가 처음 받아쓰기 백 점을 받아 엄마와 웃으면서 아이스크림을 사 먹은 적도 있지 않았나요? 여러 가지 일들을 떠올려 보면 세상에 가치 없는 사람은 아무도 없어요.

현실의 삶에 최고는 없고, 우리는 저마다 삶의 분야에서 각기 다른 소명으로 살아갈 뿐이에요. 사람마다 타고난 얼굴이나 성격이 다르듯 삶의 조건과 삶의 몫이 다르다는 사실도 마음으로 받아들여야 해요. 정호승 시인이 이야기한 꽃들처럼 말이에요.

'평가'는 자신의 가치관과는 좀 다른 타인의 행동을 판단하는 행동인데, 옳고 그름의 문제를 떠나 평가하는 사람을 '비판'의 세계에 가두기도 해요. 누군가 철수라는 친구를 평가하며 "철수는 못생겼어", "철수는 형편없는 애야!", "철수는 어제 이유도 없이 내게 화를 냈어"라는 식의 말을 내뱉는다면, 이런 말들은 누가 옳고 그른지, 정상인지 비정상인지, 책임감이 있는지 없는지를 따지는 데에만 몰두하게 한다는 특징이 있어요. 항상 이분법적으로만 생각하게 하지요.

평가와 비판의 말은 흔히 누군가의 행동을 부정적인 관점에서 먼저 생각하게 해요. 마치 시험이 끝난 후에 시험지에서 틀린 문제만 확인하듯이 말이에요. 이때 그 사람이 갖고 있는 장점보다는 부족한 점, 즉 결점에 집착하게 돼요. 간혹 자신의 안 좋았던 친구 관계에 대해 평가해 본다고 생각해 보세요. 분명 '○○이의 행동을 내가 잘 이해해 주지 못했어' 혹은 '그래, 내가 잘못했나 봐'라며 주로 부정적인 관점에서 생각하게 될 거예요. 다시 말해서 평가는 긍정적인 측면보다는 잘못을 따지고 분석하고 단정 짓는 데 초점을 두는 경향이 있어요. 정말 비극적인 일이지요.

평가와 비판의 관점에 서 있으면 비교하는 경우가 많아져요. 비교를 당하면 누구나 기분이 좋지 않아요. 비교하는 심리는 평가하는 태도로 세상을 바라보기 때문이에요. 미국 작가 댄 그린버그가 쓴 『자신을 불행하게 만드는 법』을 보면, 비교하는 것이 우리 삶에 얼마나 해로운 영향을 미치는지를 알 수 있어요. 이 책을 통해 작가는 "만약 자신의 삶을 정말로 불행하게 만들고 싶다면 자기 자신을 다른 사람과 비교하는 법을 배워라"라고 말해요.

또한 평가는 내가 원하는 걸 다른 사람에게 강요하게 해요. 평가할 때에는 대부분 일정한 판단 기준을 갖고 있기 때문이에요. 어떤 행동은 칭찬을 받아야 하고 어떤 행동은 벌을 받아야 한다는 평가적 사고방식은 '그런 행동을 했으니 처벌받아 마땅하다'는 의미를 내포해요. 판단 기준에 의한 평가가 거듭될수록 우리는 자기 자신보다는 다른 사람의 외부적 권위와 판단에 의지하게 되지 않나요? 곧 무엇이 옳고 그르고, 좋고 나쁘다는 판단을 타인의 권위와 판단에 기대어 하기 쉬워요. 그렇게 되면 나의 내면에서 느껴지는 진실보다 남이 나를 어떻게 평가하느냐를 더 중요하게 여기게 돼요. '친구들이 나를 어떻게 생각할까?', '선생님에게 인정을 받아야 하는데……', '부모님이 기뻐하실까?' 등등 다른 사람의 평가와 판단에 매달리는 '착한 노예'로 살아갈지도 몰라요.

그렇다면 어떻게 해야 평가와 비판의 태도에서 벗어날 수 있을까요? 아주 간단해요. 우선 내 삶에 영향을 미치는 것들, 내가 보고 듣고 접촉하는 것들을 어떤 평가도 섞지 않고 관찰부터 해야 해요. 즉 평가와 관찰을 분리해서 생각하고, '평가하기'보다 '관찰하기'를 강조하는 거예요. 관찰과 평가가 뒤섞인 말을 해도 상대방은 그것을 비판으로 받아들일 수 있어요.

　그렇다고 완전히 객관적인 태도를 취하며 평가를 하지 말라는 건 아니에요. 다만 상대방을 성급히 평가하거나 판단하지 말고 찬찬히 관찰하자는 거예요. "저 친구는 너무 게을러"라는 말은 친구의 행동에 대한 관찰이 아니라 평가라고 할 수 있어요. 사실 잘 관찰해 보면 게으른 사람은 볼 수 없어요. 점심시간에 가끔 잠을 자거나, 휴일에 밖에 나가지 않고 집에서 늦게까지 잠을 자고 있을 뿐이지 게으름뱅이는 아니에요. 어떤 사람은 그 친구를 게으르다고 말하지만 다른 사람은 지친 거라고, 혹은 태평하다고 말할 수도 있어요. 이처럼 '보는 것'과 '의견'을 섞지만 않는다면 많은 혼란을 피할 수 있어요.

　연습을 한번 해볼까요? 초등학교 5학년 도덕 교과서와 지도서에서 뽑아 본 문제인데요. 평가가 섞이지 않은 관찰만을 나타내는 항목은 무엇인지 번호에 동그라미를 쳐 보세요.

　① 서우는 어제 이유 없이 내게 화를 냈다.

　② 지우는 어제 저녁에 텔레비전을 보면서 손톱을 물어뜯었다.

　③ 영희는 회의 시간에 내 의견을 묻지 않았다.

　④ 우리 아버지는 좋으신 분이다.

누군가를
내가
평가
한다는
것

⑤ 영애는 일을 너무 많이 한다.

⑥ 민수는 공격적이다.

⑦ 정숙이는 나를 무시한다.

⑧ 우리 아들은 이를 자주 닦지 않는다.

⑨ 민수는 내게 노란색 옷이 어울리지 않는다고 말했다.

⑩ 이모는 나와 이야기할 때 불평을 한다.

몇 개 정도 골랐나요? 초등학생들이 푸는 문제라 너무 쉽진 않았나요? 정답은 ②, ③, ⑨!

나머지 항목들도 평가가 배제된 관찰의 말로 바꿔 보세요. ①번에서는 '이유 없이'와 '화를 냈다'고 추측한 것이 평가라고 할 수 있어요. 사실 서우는 마음에 상처를 입었거나 어떤 슬픔을 느꼈을 수 있어요. '서우는 주먹으로 탁자를 쳤다'라고 하면 관찰의 말이 되겠네요. ⑥번의 '공격적'이라는 표현도 평가의 말이에요. '민수는 동생이 텔레비전 채널을 돌리자 동생을 때렸다'가 관찰의 말이에요. 이처럼 평가나 판단을 하기보다는 찬찬히 관찰한 것을 바탕으로 말을 하면 상대방도 비판으로 받아들이지 않고 반발심을 덜 느끼게 돼요.

평가의 말과 달리 관찰의 말은 때와 맥락에 맞게 구체적이에요.

"그 친구는 축구를 너무 못해"가 아니라 "그 친구는 여러 번 축구 경기에 나갔는데도 한 골도 넣지 못했어"라고 해야 관찰에 따른 표현이 돼요. 앞의 말은 듣는 사람의 반발심을 가져오지만, 뒤의 말은 공감을 불러오지요.

그리고 관찰을 한 것에 대한 자신의 '느낌'을 표현해야 해요. 느낌과 생각은 의미가 조금 달라요. 생각은 다른 사람의 행동에 대한 나의 판단이나 해석이라고 할 수 있지만 느낌은 일종의 감정이에요. 우리는 주변에서 일어나는 일이나 자극에 따라 몸과 마음에 일어나는 반응으로 어떤 감정을 느끼곤 해요. 이때 마음속 기분과 몸에 나타나는 반응을 가만히 느껴 보고 상대방에게 말해야 해요. 물론 느낌을 표현할 때에는 뜻이 모호한 말이나 추상적인 말보다 구체적인 말로 표현하는 게 더 도움이 돼요.

예를 들어 우리는 흔히 '좋다'와 '나쁘다'와 같은 단어로 자신의 느낌을 전달하는 경우가 많아요. 그러나 '좋다'와 '나쁘다'와 같은 단어로는 실제의 감정을 제대로 전달하기 어려워요. '좋다'는 말은 '행복하다', '기쁘다', '안심하다' 등의 여러 가지 다른 느낌을 의미할 수도 있거든요.

친구 사이에서도 자신의 느낌을 명확하고 구체적으로 표현할수록 서로의 마음이 더 잘 통할 수 있어요. 내 느낌을 분명하게 알면

나 자신을 더 잘 알게 되고 친구에게도 내 마음을 솔직하게 전할 수 있어요. 물론 반대로 친구의 말을 들을 때에도 그 친구의 느낌을 이해하고 존중할 수 있고요.

오늘 친구들 앞에서 한 말이나 마음속으로 한 생각들을
한번 체크해 보세요.
생각 없이 누군가의 행동을
함부로 평가하거나 비판한 일은 없었는지,
그때 옳고 그름의 판단 기준이 정말 적절한 것이었는지.
친구에게 하고 싶은 말이 있다면
'평가의 말'로 친구의 속을 긁지 말고
'관찰의 말'로 구체적인 메시지를 전달하는
성숙한 모습을 보여주세요.

누군가를
내가
평가
한다는
것

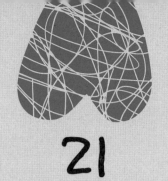

21

어디
있니?
나의
진짜
친구!

지금 곁에 변함없이 평생을 함께해 줄 좋은 친구들이 있나요? 아마 그렇다고 답하는 운 좋은 사람도 있을 거예요. 흔히 사람들은 위기에 처했을 때 그 사람의 가치를 알 수 있다고 하지요. 그래서 진정한 친구인지 아닌지는 내가 위기에 처했을 때 알아볼 수 있어요. 그렇다고 친구의 우정을 알아보기 위해 위기에 처해 볼 수는 없는 일이니 대신 친구에 관한 좋은 이야기로 진정한 친구에 대해 이야기해 볼게요.

'관포지교(管鮑之交)'라는 말은 '무엇을 해도 허물없이 받아들여지는 친구 사이'를 뜻해요. 이 말과 관련해 전해 오는 고사가 있어요.

옛날 중국 제나라 때 포숙아가 돈을 대고 관중이 경영을 담당하면서 동업을 했는데, 관중이 이익금을 혼자 독차지했어요. 그런데도 포숙아는 관중의 집안이 가난한 탓이라고 너그럽게 이해했어요. 함께 전쟁터에 나갔을 때에는 관중이 세 번이나 도망을 쳤는데도 포숙아는 그를 비겁자라 생각하지 않고 늙으신 어머님이 계시기 때문이라고 감싸 주었어요. 그후 임금이 관중을 죽이려고 할 때에도 포숙아가 임금을 설득함으로써 관중은 용서를 받고 나중에는 재상의 자리에까지 오르게 돼요. 포숙아는 관중의 재능을 알고 있었기에 자기가 차지할 수 있었던 재상의 자리를 굳이 사양하고 관중에게 넘겨준 것이었어요. 관중은 "나를 낳은 것은 부모지만 나를 알아주는 것은 오직 포숙아다"라고 말했다고 해요.

그런데 중국의 고서 『한비자』를 보면 관중과 포숙아의 이후 이야기가 나와요. 관중이 병에 걸려 임금이 관중의 후임자로서 포숙아에게 재상직을 맡기는 게 어떻겠느냐고 묻자 관중은 "포숙아의 성격이 괴팍하고 사나우니 재상을 시키면 안 된다"라고 말하며 반대했어요. 왜 그랬을까요? 관중이 우정을 저버린 걸까요? 그렇다면 포숙아는 관중의 이 행동에 대해 어떻게 생각했을까요?

만일 이 일로 인해 두 사람의 우정이 깨지고 어떤 사건이 일어났다면 관련 기록이 있었을 텐데, 특별한 기록은 없네요. 단지 관중 때문에 정치에서 비껴났던 포숙아의 가문은 이후 제나라의 명문대가로서 10여 대에 걸쳐 후한 대접을 받았대요. 그렇다면 관중의 현명한 판단으로 오히려 포숙아는 이후의 고난을 피해 간 것일 수도 있어요. 누구보다 자신을 알고 믿어 준 포숙아를 관중 또한 믿고 있었기에 그런 이야기를 거침없이 할 수 있었는지도 모르고요.

포숙아는 국가의 인사 관리에서 적합한 자리에 적합한 능력을 가진 사람이 앉지 못하면 결국 개인도 나라도 망한다는 사실을 알고 예전에 자신이 맡을 수도 있었던 재상 자리를 관중에게 양보했던 사람이에요. 그러니 이번에도 관중의 판단을 이해하고 믿고 따랐을 거예요. 뭘 해도 허물없이 받아들여지는 친구 사이! 서로를 너무나 잘 알고 이해한 사이였기에, 그리고 서로에 대한 절대적인 믿음이 있었기에 가능한 일이었다는 생각이 들어요. 그리고 개인적인 우정과 한 나라의 인사 문제 사이에서 현명하게 판단한 관중도 존경스럽고, 그런 친구를 끝까지 이해한 포숙아도 참 대단해요. 정말 부러운 친구 사이입니다.

'관포지교' 이야기가 주는 감동은 무엇일까요?

첫째, 친구를 위해 자신의 이익을 희생한 것.

둘째, 친구에 대해 깊이 있게 이해하고 절대적으로 믿어 준 것.

셋째, 맹목적으로 친구를 두둔하기보다는 친구의 성격이나 장단점을 제대로 알고, 진정으로 친구를 위하는 길이 무엇인지를 올바르게 판단했다는 것.

넷째, 개인적인 우정과 국가의 이익 사이에서 지혜롭게 판단했다는 것.

어느 것 하나도 쉬운 일은 아니라고 생각되네요. 나 자신도 돌아보니 나를 이해해 주고 믿어 주는 친구는 있지만, 날 위해 희생하거나 나를 제대로 판단하고 도와주는 친구는 없는 것 같아요.

여러분은 어때요? 이런 위대한 우정까지는 아니더라도 '진정한 친구'라고 부를 수 있는 친구가 곁에 있나요? 누군가에게 그런 친구가 되어 주고 있나요? 우리는 친구에 대해 얼마나 알고 있을까요?

요즘에는 만나는 것도 이별하는 것도 패스트푸드처럼 가볍고 빠른 것 같아요. 무겁고 진지한 인간관계보다는 가볍고 부담 없는 관계를 좋아하고, 깊게 사귀기보다는 넓고 얕게 사귀는 것을 즐긴다네요. 인터넷과 휴대폰이 발달된 세상이다 보니 인터넷 동호회 활동이나 메신저, 최근 유행하고 있는 각종 SNS를 통해 친구를 사귀는 게 너무도 편하고 쉬워졌어요. 그런데 어느 정도 사이면 '친구'라고 부를 수 있을까요? 함께 시간을 보내며 어울려 놀거나, 혹은 대화를 나누거나, 혹은 서로에 대해 얼마큼 알고 있다면 친구라고 생각할 수 있을까요?

학교에서 실제로 일어난 몇 가지 이야기들을 통해 친구에 대해 다시 한 번 생각해 보기로 해요.

이야기 하나

도난 사고가 일어났어요. 한 친구가 도둑질을 하고 다른 친구들은 망을 봐 주었어요. 단지 망을 보았을 뿐 도둑질한 것을 나눠 갖지는 않았어요. 나중에 조사를 하는 과정에서 망을 봐 준 친구들은 이유를 묻는 내게 "친구라서 그랬어요"라고 말했어요. 그런데 조사를 하다 보니 도둑질을 한 친구는 상습적으로 저지른 것이었고, 심지어 망을 봐 준 친구의 물건도 훔친 사실이 드러났어요.

☕ 이야기 둘

자주 문제행동을 저질러 생활지도를 받는 친구들이 있었어요. 조사를 받을 때면 서로 거짓말을 해주며 숨겨 주곤 했지요. 진실을 묻는 내게 '친구이기 때문에 말할 수 없다'며 끝까지 거짓말을 하곤 했어요. 그랬던 친구들이 어느 날 심하게 싸워 누군가의 코뼈가 부러지는 사건이 일어났어요. 이유는 한 친구가 다른 친구에게 꾼 돈을 갚지 않아서였어요. 이후 그 친구들은 다시는 서로 어울리지 않았고, 서로 미워하며 지내게 되었어요.

☕ 이야기 셋

가출한 학생이 있었어요. 부모님과 선생님이 애타게 찾으며 친구들에게 그 학생이 있는 곳을 물어봤지만 친구들은 알면서도 모른다고 대답했어요. 가출한 학생은 처음엔 친구 집에서 잠을 자며 떠돌아다니다

돈이 떨어지자 친구 어머니의 돈을 훔치게 되었어요. 이 일로 친구 집에도 갈 수 없게 되어 결국 학교에 가지 않는 아이들과 어울리며 점점 학생으로서 해서는 안 되는 행동들을 하게 되었지요. 얼마 후 그 학생은 집에 돌아왔지만 가출한 동안 몸에 밴 문제행동이나 나쁜 습관들, 좋지 않은 친구들과의 어울림 등으로 학교에 적응하지 못하게 되었고, 자퇴하기에 이르렀어요.

🍵 이야기 넷

여러 명이 친구라면서 어울려 다녔어요. 하지만 그중 몇 명의 친구들은 한 친구를 지속적으로 괴롭히고 무시했어요. 욕을 하거나 함부로 대하며 놀리기도 했고, 심부름을 시키거나 물건과 돈을 빌려 가서 갚지 않는 경우도 많았어요. 괴롭히지 않는 다른 친구들은 모른 척하고 있었고요. 이 사실이 알려져 조사를 받는 과정에서 괴롭힘을 당한 친구에게 왜 그런 일을 참고 있었는지 물었더니 "친구니까요"라고 답하더군요. 친구들의 나쁜 행동을 모른 척한 다른 친구들 역시 "친구라서요"라고 답했고, 괴롭힘을 당하는 친구에 대해서는 '불쌍했다'고 대답했어요.

이 이야기들은 아마 주변에서 흔히 일어나는 일이기도 할 거예요. 어쩌면 여러분이 이런 상황에 처한 적이 있을지도 모르겠네요.

어디
있니?
나의
진짜
친구!
♥

이 네 가지 이야기를 읽고 어떤 생각이 드나요? 친구들에게 받게 될지도 모를 순간의 외면과 비난이 두려워 당장 듣기 좋은 말로 오히려 친구를 망치고 있지는 않나요? 친구라며 감싸다가 이해관계가 얽혔을 때에는 태도가 달라진 적은 없나요? 친구라는 이름으로 옳지 못한 일을 하고 다른 사람이나 사회에 피해를 끼치고 있지는 않나요? 또 나를 괴롭히는 사람을 친구라고 생각할 수 있을까요?

이제 우리 자신의 마음 깊은 곳에 진지하게 질문을 던져 보면서 친구라는 존재에 대해 다시 한 번 생각해 보기로 해요.

"친구란 내 부름에 대한 메아리다.
좋은 친구를 만나고 싶거든 내가 먼저 좋은 친구가 되어야 한다."
법정 스님이 말씀하셨어요.
친구는 우리의 삶에 없어서는 안 되는 존재겠지요.
그렇다면 우리가 맺고 있는 친구 관계에 대해 한 번쯤 되짚어 보면서
진정한 친구를 얻기 위해,
또 진정한 친구가 되어 주기 위해 노력해야 해요.

22

타인,
지옥
이기도
하고
천국
이기도
한

세계 4대 성인이라 불리는 석가모니, 공자, 소크라테스, 예수. 이들의 출몰연대를 보면 예수를 제외하고 거의 같은 시기라 할 수 있어요. 물론 많게는 100년 이상의 차이가 나기도 하지만 인류 역사에서 보면 거의 같은 시기에 등장했다고 할 수 있지요. 그런데 어째서 동양과 서양에서 거의 같은 시기에 성인들이 태어났을까요? 아마도 인류가 농경과 목축을 하면서 한곳에 모여 살았기 때문일 거예요. 여러 사람이 모여 살면서 어떻게 살아야 싸우지 않고 평화롭게 살 수 있을지를 고민했겠지요.

공자는 『논어』에서 정명론(正名論)을 주장하며 더불어 사는 법을 이야기했어요. 군군신신부부자자(君君臣臣父父子子). 임금은 임금답게, 신하는 신하답게, 아버지는 아버지답게, 아들은 아들답게 살아야 한다, 쉽게 말해서 이름값을 하라는 뜻이에요. 이 세상 모든 사람들이 자신의 지위에 따르는 책임과 의무를 다한다면 살기 좋은 세상, 잘 사는 세상이 될 거예요.

대통령이 대통령답게 사랑과 정의로 세상을 이끈다면 정말 좋은 나라를 만들 수 있어요. 국회의원 역시 국민의 대표라는 책임을 지고 올곧게 정책을 펼치거나 법을 만든다면 헐벗고 굶주리며 고통 받는 사람은 훨씬 줄어들 거예요. 가정에서도 마찬가지로 부모와 자식이 각자의 처지에서 최선을 다해 자기 역할을 다한다면 갈등이 일어나지 않을 거예요. 여러분도 청춘이 부끄럽지 않도록 자신이 잘할 수 있는 일에 '올인' 하고 있나요?

대부분의 사람들은 자신이 처한 상황에 맞게 행동하고 있어요. 그리고 그 행동과 처지에 맞는 고민을 해요. 여러분의 부모님이 자신의 삶보다는 자식의 삶이 보다 행복해지기를 바라며 잔소리 아닌 잔소리를 하는 것처럼 주로 학생의 신분인 여러분은 시험 성적과 친구 관계, 진로 등에 대해 고민해요. 그런데 이런 고민은 모두 타인으로부터 오는 것이 대부분이에요. 누가 뭐래도 내가 행복하게 놀고, 돈을 조금 벌어도 내가 행복할 수 있는 일을 하면 될 텐데, 사람들은 나 자체를 보지 않고 내 주변 혹은 나와 관계된 사람들을 보기 일쑤예요. 자식답게, 학생답게 행동하기를 원하지요. 만약 혼자 사는 세상이라면 그 누구의 눈치도 보지 않고 하고 싶은 일만 하면서 행복하게 살 수 있을 거예요.

사르트르는 "타인은 지옥이다"라고 말했어요. 이 말에 고개를 갸웃거리는 사람도 있을 거고, 벌써 고개를 끄덕이는 사람도 있는 것 같네요. 정말로 곁에서 나를 사랑하고 아껴 주는 부모님과 선생님,

그리고 함께 운동하고 공부하는 친구들이 모두 지옥일까요?

세상의 모든 일은 관계 속에서만 의미를 가져요. 너와 나, 가족과 나, 사회와 나, 국가와 나, 세계와 나……. 관계가 없다면 '나'는 의미가 없어요. 존재하지만 존재하지 않는 거예요. 타인이 없으면 내가 누구인지 말해 줄 사람이 없지요. 타인이 나에게 지옥으로 다가올 때에는 사회적 관계 속에서 언제나 타인과 내가 비교될 때예요. 공부 잘하는 친구와 못하는 나, 운동을 잘하는 친구와 운동을 못하는 나, 잘사는 부모를 둔 친구와 그렇지 못한 나, 반에서 인기가 많은 친구와 있는 듯 없는 듯한 내향적인 나.

무엇보다 각자의 이름과 신분, 지위에 맞게 살아가는 것 자체가 지옥일 거예요. 나도 여러분 앞에선 선생이기 때문에 하품도 마음대로 하지 못하고, 방귀도 함부로 뀌지 못한답니다.

하지만 알고 보면 우리는 항상 누군가의 도움과 배려, 양보, 협동으로 세상을 살고 있어요. 이름도 모를 수많은 누군가가 지은 집에서 살면서 수많은 누군가가 만든 이불 속에서 자고 일어나지요. 또한 이름도 모르는 고마운 농부가 씨 뿌리고 수확한 쌀을 먹고, 어떤 기술자가 만든 전기밥솥으로 밥을 하고, 부모님이 차려 준 밥과 반찬으로 아침 식사를 해요. 그리고 "고맙습니다" 하고 인사하며 급히 올라탄 버스에 "어서 오세요" 하고 답해 주는 기사님의 얼굴을 보며 목적지로 출발하지요. 모두가 타인이지만 고마운 사람이기도 해요. 반대로 나에게 도움을 청해 오거나 고민을 털어놓는 친구들도 그렇고요.

가끔 타인의 시선이 부담스럽고 서로의 다른 생각으로 고통스럽긴 하지만, 이런 관계가 꼭 지옥인 것만은 아니에요. 어떤 사람들은 내가 '나답게' 성장할 수 있도록 격려해 주는 지원자이자 멘토가 되어 주기도 해요. 비록 내게 아무런 이야기도 하지 않은 채 그저 바라만 보고 있다 해도 의지가 되고 힘이 되어 줘요.

타인이 지옥인지 천국인지, 경쟁자인지 멘토인지는 각자가 선택할 문제라고 생각해요. 어쨌든 내 인생은 내가 주인이니까요. 물론 선택의 결과에 대해서는 스스로 책임을 져야 하겠지요.

사람과의 '관계' 때문에

고민해 본 적 많이 있을 거예요.

어제는 정말 둘도 없는 친구였는데,

오늘은 뭔가에 토라져서 얼굴도 안 쳐다보는 뱅댕이 짝꿍······.

학교를 졸업하고 사회에 나간 후에도 인간관계 문제는

늘 여러분을 천국과 지옥을 오가게 할 거예요.

순간순간 용기를 갖고 현명하게 대처한다면

반드시 천국에 더 오래 머물 수 있으리라 믿어요.

나란 놈, 너란 녀석

열일곱 살, 친구 관계를 생각하다

초판 1쇄 발행 2013년 1월 10일
초판 7쇄 발행 2016년 6월 10일

지은이 김국태, 김기용, 김진숙, 이수석, 이승배, 이정숙, 임병구
펴낸이 이지은   **펴낸곳** 팜파스
기획·편집 김민정
디자인 조성미   **마케팅** 정우룡
인쇄 (주)미광원색사

출판등록 2002년 12월 30일 제 10-2536호
주소 서울시 마포구 어울마당로5길 18 팜파스빌딩 2층
대표전화 02-335-3681   **팩스** 02-335-3743
홈페이지 www.pampasbook.com | blog.naver.com/pampasbook
이메일 pampas@pampasbook.com

값 12,000원
ISBN 978-89-93195-98-9 (43370)